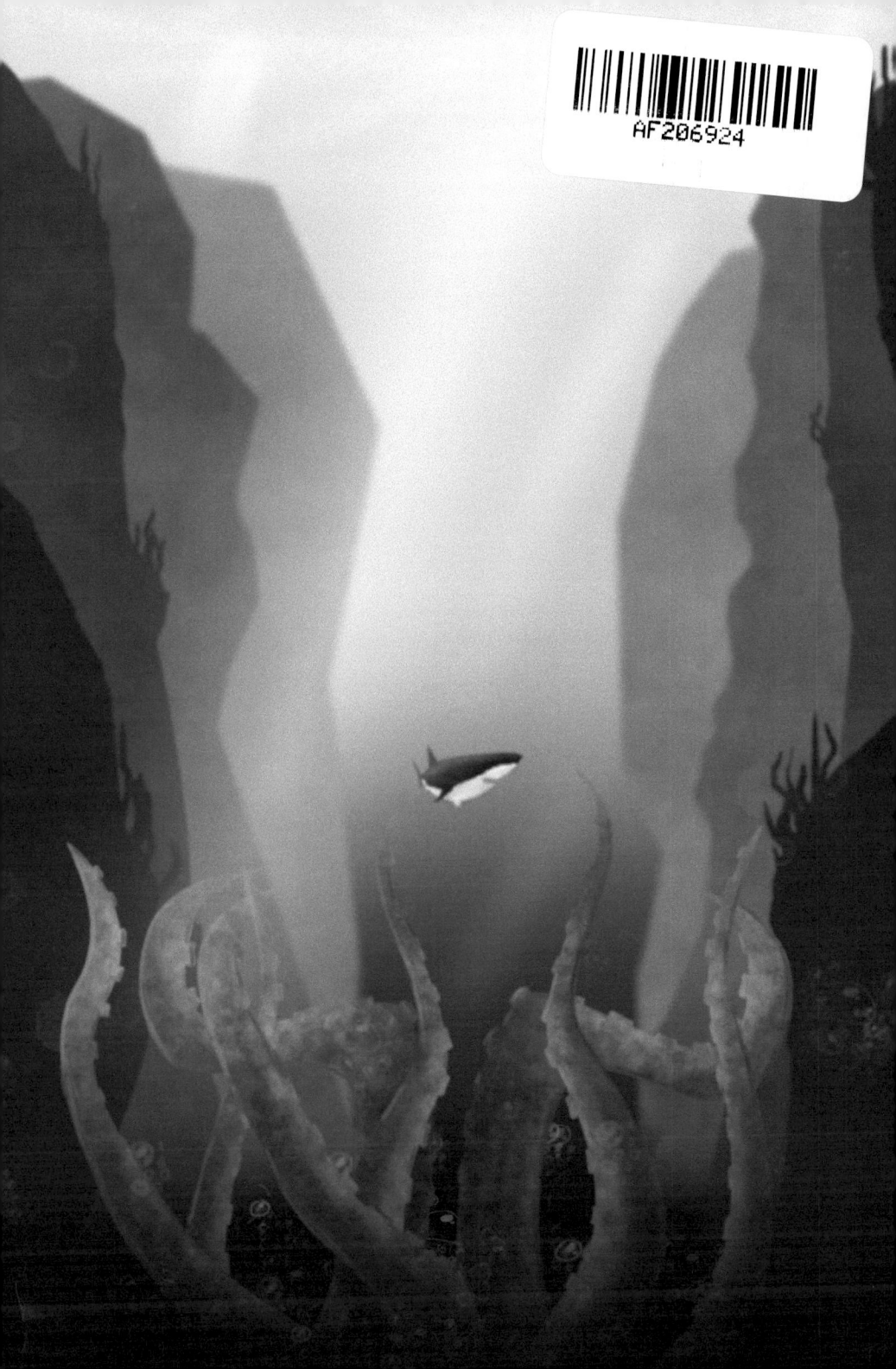

SCHRECKEN AUS DER TIEFE

Das Fun-Rollenspiel um aquatische Ungeheuer

www.die-dorp.de

Impressum

Geschrieben von
Marcel Gehlen

Beispielabenteuer der aktuellen Ausgabe
Gérard Wüller

Lektorat
Thomas Michalski, Katharina Fischer

Layout-Design
Markus Heinen, Thomas Michalski

Satz und Gestaltung
Thomas Michalski

Titelbild und Innen-Illustration
Markus Heinen

Herstellung und Verlag
BoD – Books on Demand, Norderstedt

DORP: Schrecken aus der Tiefe
Das Fun-Rollenspiel um aquatische Ungeheuer

© 2017 DORP GbR

ISBN 978-3-7448-8761-8

Weitere Informationen

Bei Fragen sind wir immer gerne für euch da!
Schreibt uns an thomas.michalski@die-dorp.de
oder besucht uns online unter www.die-dorp.de

INHALTSVERZEICHNIS

Vorwort der aktuellen Auflage

Es ist 2017. Ich darf fast 13 Jahre nach der letzten Auflage ein weiteres Vorwort für **Schrecken aus der Tiefe** schreiben und ich finde das unfassbar großartig.

In 13 Jahren kann unglaublich viel passieren. Was ist mir passiert? Ich hatte das Glück, den wunderbarsten Mensch der Welt kennen zu lernen, mich in sie zu verlieben und sie 2009 zu heiraten. Das sind auch schon acht fantastische Jahre.

Sechsmal habe ich den Wohnort gewechselt, bin von Aachen nach Stuttgart, nach Heidelberg, nach München, nach Saarbrücken und zurück nach München gezogen.

Im Sommer 2006, mitten im Sommermärchen, habe ich mein Informatikstudium beendet und seitdem lange als Softwareentwickler und noch länger als Softwaretester gearbeitet.

Ich produziere auch heute noch viel Text: Code, Test Charters, Bug Reports, Conference Proposals und manchmal Blogeinträge. **Schrecken aus der Tiefe** gehört mit zu den letzten Texten, die ich geschrieben habe und die nichts mit Software oder Testing zu tun hatten. Vor 13 Jahren.

Schon alleine deshalb musste ich zusagen, als Thomas fragte, ob ich nicht ein drittes Vorwort schreiben wolle. Vielleicht gibt es irgendwann einmal 20 Auflagen mit 20 Vorwörtern als Zeitkapseln, die festhalten, wer ich zum jeweiligen Zeitpunkt gewesen bin.

Wenn ich heute mein Vorwort von 2004 lese, dann sehe ich einen 22-jährigen Burschen, der wohl sehr wütend und in seiner Eitelkeit verletzt war. Er hatte etwas geschaffen, das andere in Manchem sehr gut und in Manchem eher schlecht fanden. Es war sehr ungerecht von mir und wenn ich es heute sehe, dann tut es mir sehr leid.

Denn letztes Endes hat mir der 24h-Wettbewerb etwas ganz Außergewöhnliches geschenkt: Die Möglichkeit, ein Spiel zu schreiben, das heute, über eine Dekade später, immer noch Menschen spielen wollen, das in seine dritte Auflage geht. Wie cool ist das denn?

Es erfüllt mich mit einem gewissen Stolz und mehr noch mit einer großen Dankbarkeit. Deshalb möchte ich Danke sagen. Danke an all diejenigen, die **Schrecken aus der Tiefe** spielen. Danke an die Leute von der DORP, deren Leidenschaft das Spiel seit nun 13 Jahren trägt. Danke an das FERA-Forum, dessen 24h-Wettbewerb es überhaupt erst möglich gemacht hat.

Vielen, vielen Dank,
Marcel

2005

2009

2017

VORWORT ZUR ILLUSTRIERTEN AUSGABE 2004

„See how that works? She screws with the sharks, and now the sharks,
the sharks are screwing with us."
- Tom Scoggins, Deep Blue Sea

Jetzt sitze ich hier und schreibe ein Vorwort für ein Spiel, dass ich vor ungefähr einem Dreivierteljahr geschrieben habe. Ich habe damals nicht nur das Spiel geschrieben, sondern auch gleich ein Vorwort zum Spiel. Das ist also quasi ein Meta-Vorwort. Ein Vorwort zu einem Spiel mit einem Vorwort. Und was sagt uns das? Die DORP schreibt gerne Vorwörter. Ich meine das „Unknown Armies"-Tagebuch hat auch schon zwei.

Jetzt stellt sich nur die interessante Frage, was zur Hölle ich in dieses Vorwort schreiben soll, was nicht schon im alten Vorwort drin stand. Ich hatte schon einige interessante Themen zur Auswahl: So hätte ich wahllos meine Kritiker beleidigen können, aber das wollte ich dann lieber doch nicht tun. Zum einen nicht, weil das nicht zum guten Ton gehört und zum anderen, weil sie es auch nicht verdient haben. Beleidigen wäre einfach zu hart gewesen, aber nach wie vor bin ich der Meinung, dass einige von ihnen mein Spiel nicht richtig gelesen oder verstanden haben. Tönt arrogant, aber erstens bin ich arrogant und zweitens ist das einfach so. Umso überraschter war ich dann, als ich auch tatsächlich einen Preis einheimsen konnte, nämlich den für den „innovativsten Hintergrund". Und eigentlich kann ich meine Kritiker jetzt besonders deshalb nicht beleidigen. Verflucht seien sie! Äh ... ich meine natürlich, dass sie das äußerst geschickt eingefädelt haben.

Wie das mit Vorwörtern so ist, deren Inhalt beim Schreiben entsteht, fällt mir gerade ein, dass ich den Wettbewerb noch gar nicht erwähnt habe: Es war der 24h-Rollenspiel-Wettbewerb des FERA. Man setzt sich an den Schreibtisch, fängt an ein Rollenspiel zu schreiben und 24h später muss es fertig sein. Was ist der Sinn dahinter? Zum einen können sich so Antialkoholiker mit Discophobie sowas wie einen Ersatzkater reinziehen, aber in erster Linie soll man die Gelegenheit nutzen, die wirre Idee, die einem im Kopf rumspukt und die man sich nie umzusetzen getraut hat, weil sie dafür zu bescheuert oder unausgereift ist, einfach mal niederzuschreiben. Und genau das habe ich gemacht. Einige andere haben einfach irgendwelche Mini-RPGs abgeliefert, die kein Mensch braucht, weil es sowas in groß schon gibt. Nur besser. Dafür haben die ein tolles Layout. Das hatte ich nicht, sondern ganz normales augenkrebsverursachendes Buchlayout. Schande über mich. Aber in dieser Version hier ist jetzt auch alles schön bunt und gelayoutet. Viel schöner für die Augen also. Oh-Oh … ich befinde mich nahe an der Grenze, doch beleidigend zu werden, oder?

Trotzdem mache ich beim nächsten 24h-Wettbewerb wieder mit, wenn ich dann eine gute Idee habe und gleichzeitig auch noch Lust, diese niederzuschreiben. Mit besonderem Schwerpunkt auf der zweiten Bedingung ist dies aber nicht wirklich wahrscheinlich. Denn wenn ich die dann auch niederschreibe, dann mit der gebotenen Zeit und der DORP-Redaktion im Rücken, um euch einen weiteren schönen Download zu bescheren.

Warum habe ich das nicht auch schon im Fall von „Schrecken aus der Tiefe" getan? Weil ich mir einen Bänderriss zugezogen hatte und somit eh nix besseres vorhatte und außerdem wollte, mir die Erfahrung mal gegeben zu haben. Ist ganz interessant, aber nichts was ich meinen Kindern mit auf den Weg geben würde. Mein Fazit lautet eigentlich: Wenn ihr eine Idee habt, die nicht für mehr als ein 24h-RPG taugt, dann nehmt teil, ansonsten lasst es. Teilnahme zum Selbstzweck ist eigentlich Verrat am ursprünglichen Wettbewerbsgedanken.

So wie es im Übrigen auch Verrat ist, eine bessere Variante seines Spieles zu erstellen und zum Download anzubieten, oder sonst irgendwie an dem Spiel weiterzuarbeiten. Also verrate ich den Wettbewerb auch. Gerade jetzt in diesem Augenblick. Aber ihr als treue Leser habt etwas Besseres verdient als 17 Fehler pro Zeile und jemand, der 15 Stunden am Stück am selben Text schreibt, macht 17 Fehler pro Zeile …

Wie dem auch sei, ich halte „Schrecken aus der Tiefe" für das, was es sein will, durchaus für gelungen, wenn es auch seine Macken hat und die sind teils nicht von der Hand zu weisen, da hatten die Kritiker schon recht. Aber ein nettes Spielchen für zwischendurch ist es schon geworden. Also lest es euch mal durch, vielleicht gefällt es ja doch. Und jetzt viel Spaß beim Lesen.

Die anderen möglichen Themen für dieses Vorwort wären übrigens mein Kampf mit .NET, ein „OpenWorkbench"-Tutorial oder ein kleiner Exkurs zur Model-Driven-Architecture gewesen. Zumindest letzteres ist eigentlich super spannend, aber ich glaube das sieht außer mir vermutlich niemand so…

Jetzt stürzt euch in die Tiefen der Meere,
Marcel

Vorwort zur ursprünglichen Ausgabe

Es ist jetzt 14.45 auf meiner Uhr und ich bin ziemlich müde. Das ist schlecht, denn es liegen noch etwas mehr als 22 Stunden Rollenspielentwicklung vor mir, bevor ich ins Bett darf. Die ersten 1,5 Stunden habe ich mehr oder weniger sinnvoll mit einem Bleistift, einem Block und einem Grobentwurf verbracht. Mein größtes Problem war dabei, mir ein halbwegs praktikables Regelsystem auszudenken, mit welchem ich alle möglichen Spielfiguren abdecken kann. Wo genau dabei die Probleme liegen, werde ich aber nicht hier im Vorwort, sondern im entsprechenden Kapitel schildern, sie sollten allerdings schon vorher recht offensichtlich werden.

Im Grunde genommen trage ich mich, seit ein Freund letztes Jahr auf der SPIEL seine sauer verdiente Kohle in ungefähr ein halbes Dutzend d20-Monsterbücher investiert hat, mit dem grundlegenden Gedanken für dieses Spiel: ein Monsterbuch. Eine Ansammlung illustrer, monströser und potentiell bösartiger, zumindest aber in ihrem Tun falsch verstandener Ungeheuer, nur dass die vorgestellten Biester nicht die Feindkreaturen darstellen, sondern die Spielercharaktere. Unter normalen Umständen würde ich so etwas vermutlich niemals zu elektronischem Papier bringen, aber für genau sowas ist der 24h-Wettbewerb ja schließlich gedacht und nebenbei dürfte auch noch ein netter Download für die DORP dabei herausspringen.

Jetzt stellt sich natürlich die nächste Frage, was für eine Art spielbares Monsterkompendium ich denn wähle. Einfach Goblins, Orks und Trolle? Das war mir irgendwie nicht das Richtige. Aber schon bald fiel mir eine andere Marschrichtung ein, als mir eines Nachts vollkommen übermüdet die hier erwähnten Quallen durch den Kopf schossen. Rein metaphorisch gesprochen. Ursprünglich sollten diese skurrilen Kreaturen ihren Weg in das DORP-Rollenspiel finden, wo ich normalerweise meine Rollenspielfieberträume zu Papier bringe, doch dann entschied ich mich, sie auszulagern. So hangelte ich mich letzten Endes mit diesen Quallen als Ausgangspunkt zu dem Konzept für „Schrecken aus der Tiefe". Der Grundgedanke der spielbaren Kreaturen hat dabei überlebt, allerdings dürfte das Spiel nicht mehr so ganz Monsterbuchcharakter haben. Aber eigentlich wäre es auch recht langweilig, wenn ich hier einfach nur Kreatur an Kreatur reihe, ihnen in irgendeiner Form Werte verpasse und dann sage: „Spielt die!" Stattdessen habe ich, direkt zugebend hier von

„Unknown Armies" inspiriert zu sein, drei Powerlevel eröffnet, beschreibe aus jedem Powerlevel eine Kreatur und dies vermutlich wesentlich ausführlicher, als es in einem Monsterbuch der Fall wäre. Schließlich sind sie hier die Protagonisten.

Letztlich mache ich vielleicht noch auf die Zielgruppe dieses Spieles aufmerksam. Zum Ersten handelt es sich hier eindeutig um ein Fun-Rollenspiel. Ich meine, die Spieler schlüpfen in die Haut (?) von Quallen, die einen Taucheranzug kontrollieren oder bösartig mutierten, sehr gefährlichen und dabei immer noch ständig grinsenden Delfinen. Dennoch kann man die Spieler durchaus vor ernste Probleme stellen und gerade mit den Delfinen auch Aktionen umsetzen, die gerne als cinematisch beschrieben werden. Aber letzten Endes muss sich das ja nicht im Geringsten ausschließen. Darüber hinaus muss erwähnt werden, dass sich dieses Spiel klar an Spieler richtet, die von Robin D. Laws unter „Tactician" oder „Butt-Kicker" einsortiert würden; im GNS-Modell dürfte die Zielgruppe stark in der verpönten G-Ecke anzutreffen sein. Dazu muss allerdings gesagt werden, dass „Schrecken aus der Tiefe" recht starken Gesellschaftsspiel-Charakter hat und kein Rollenspiel ist, mit dem man die ganze Nacht in eine andere Welt eintaucht. Ich kalkuliere die Dauer einer Spielrunde auf ungefähr eine bis maximal zwei Stunden. „Schrecken aus der Tiefe" dürfte damit eher das „Rollenspiel für zwischendurch" sein, oder für einen verregneten Nachmittag, oder einfach als Teil eines allgemeinen Spieleabends so zwischen „Tabu" und „Die Siedler von Catan".

Jetzt habe ich aber genug Vorworte verloren und sollte mich mal an die Texte für das Spiel begeben.

EINLEITUNG:
ES BAHNT SICH ETWAS AN ...

Bild: Man sieht die Sonne am Horizont im Meer versinken, ihr Licht spiegelt sich im Wasser und wird auf eine sehr eigenartige Art gebrochen. Bei genauerer Betrachtung sieht es aus, als wäre das Wasser von violetten und schwarzen Schlieren durchzogen, am Horizont erkennt man ein großes Schiff, welches scheinbar die Quelle dieser Schlieren zu sein scheint.

Die Kamera schwenkt auf einen Strand. Zu sehen sind ölverklebte Möwen und an Land gespülte, ebenfalls ölverschmierte, tote Fische und andere Meerestiere.

Nachrichtensprecher aus dem Off: Gestern leckte vor der niederländischen Küste der Öltanker „Lady Fiery", insgesamt ergossen sich mehrere 1.000 Liter Öl in das offene Meer. Mittlerweile ankert der Tanker im Hafen zu Amsterdam und man ist mit der Reparatur des Bruchs beschäftigt.

Bild: Ein großes Schiff ankert mitten im Meer und pumpt aus mehreren wohl dafür vorgesehenen Öffnungen merkwürdige Flüssigkeiten, teils farblos, teils umso farbenfroher, ins Wasser. Schließlich versiegen die Pumpen und das Schiff fährt ungerührt weiter.

Nachrichtensprecher aus dem Off: Diese Aufnahmen wurden von Greenpeace-Mitarbeitern gemacht. Zu sehen ist ein Schiff, das einem namhaften Kosmetikkonzern gehört und offensichtlich Giftmüll ins Meer pumpt. Einer der Greenpeace-Aktivisten meinte, es hätte „nach purer Chemie gestunken". Die Staatsanwaltschaft ermittelt.

Bild: Ein aus dem Wasser aufsteigender Atompilz. Wiederholt aus mehreren Kameraperspektiven zu bewundern.

Nachrichtensprecher aus dem Off: Erneute Atomtests der Franzosen im Mururoa-Atoll.

Bild: Ein weiterer Atompilz, allerdings im Vergleich zu dem vorherigen von geradezu gigantischer Größe.

Nachrichtensprecher aus dem Off: Gestern gab es im größten Nuklearkraftwerk der Welt, angesiedelt im Südatlantik, mehrere hundert Kilometer vor der Küste Brasiliens, eine verheerende Kernschmelze ...

Bildwechsel: Eine große Unterwasserstation, in welche mehrere große Turbinen integriert sind, die schleppend den Betrieb aufnehmen und dabei schließlich gewaltige im Wasser fast wie Säulen aussehende Strudel erzeugen.

Nachrichtensprecher aus dem Off: ... die Gefahr eines durch die Explosion ausgelösten Tsunami konnte von der brasilianischen Meereskontrollstation „el tiburón" gebannt werden.

Glauben wir wirklich, wir können ewig ungestraft so weitermachen?

Bild: Aus dem schäumenden Meer tritt ein feuchter gräulicher Fuß auf den nassen Sandstrand. Der Fuß hat nur drei Zehen, zwischen denen sich jeweils Schwimmhäute befinden. Während die Kamera daran hochfährt,

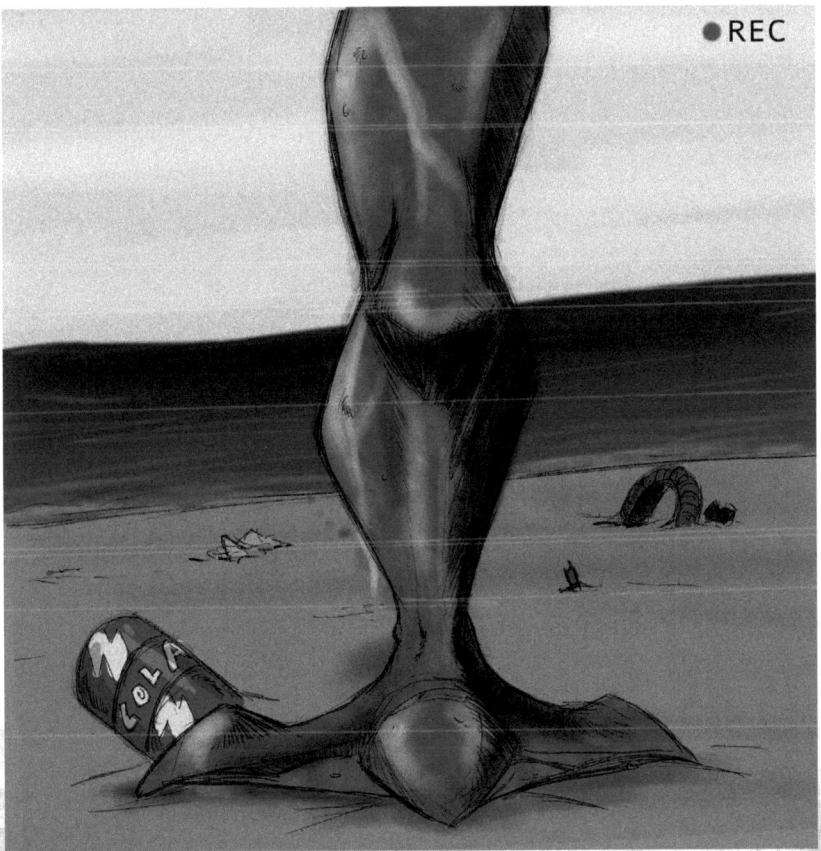

kommt allmählich das kräftige Bein ins Bild, im Hintergrund kann man einen Delfinschwanz ausmachen. Die Kamera fährt weiter nach oben und man erkennt die Kreatur als einen Delfin mit beinahe menschlich zu nennenden Gliedmaßen; in einer seiner dreifingrigen Hände scheint er eine Art Speer zu halten. Die Kamera bleibt schließlich vor dem vernarbten Gesicht stehen. Eine jener Narben zieht sich komplett über das gelblich funkelnde rechte Auge, es sind mehrere Tätowierungen und Piercings zu erkennen. In dem monströsen Gesicht wirkt das niedliche Delfingrinsen vollkommen deplatziert. Im Hintergrund sieht man mehrere ähnliche Kreaturen aus dem Meer steigen.

Die Kreatur hebt den speerbewerten Arm und mit blitzartiger Geschwindigkeit saust der Speer auf die Kamera zu. Weißes Rauschen.

Nachrichtensprecher aus dem Off: ...

Ich halte es für recht günstig, bevor ich mich an die Umsetzung der einzelnen Kreaturen begebe, einmal niederzuschreiben, wie ich mir dieses Spiel und die weiteren Kapitel vorgestellt habe.

Wie bereits im Vorwort erwähnt, ist „Schrecken aus der Tiefe" ein ziemlich gamistisches Spiel für zwischendurch und als solches braucht es natürlich ein Spielziel, eine Gewinnmöglichkeit, was für ein Rollenspiel normalerweise eher ungewöhnlich ist. Das Spielziel der jeweiligen Runde wird von der Gruppe selbst vor dem Spiel festgelegt. Wie dies genau geschieht, überlasse ich dabei frei den einzelnen Gruppen, ob also der Spielleiter, die Spieler oder alle im gegenseitigem Einvernehmen das Spielziel bestimmen, ist vollkommen frei. Solche Spielziele könnten diverse Attentate auf hohe Politiker, das Entern eines U-Bootes, die Beschaffung von Daten aus einem Computer oder auch die Vernichtung Tokyos sein. Wie es beliebt. Einige exemplarische Anregungen finden sich im Anhang dieses Buches ab Seite 47.

Die Aufgabe der Spieler ist es nun, das formulierte Spielziel zu erreichen, während der Spielleiter ihnen dabei versucht, möglichst originelle, aber faire Steine in den Weg zu legen. Der Spielleiter befindet sich natürlich in einer recht mächtigen Positionen. Er kann das Spiel selbstverständlich durch brutalste Spielleiterwillkür nach wenigen Minuten zu seinen Gunsten entscheiden, was aber letzten Endes die ganze Runde einfach jeglichen Spaßes beraubt. Er ist also angehalten, die Spieler vor durchaus schaffbare Probleme zu stellen. Um ihn darauf auch zur Genüge aufmerksam zu machen, gibt es extra für den Spielleiter die „in dubio pro"-Regel, die im Regelteil näher beschrieben wird und kurz formuliert darauf hinaus läuft, dass der Spielleiter bei allen Entscheidungen im Zweifel zu Gunsten der Spieler entscheiden muss.

Diesen Luxus kann er sich erlauben, denn er hat im Spiel gegen seine Rasselbande einen durchaus mächtigen Verbündeten: die Zeit. Spätestens nach einer Spieldauer von zwei Stunden ist das Spiel vorbei. Sei es, dass den Quallen dann die letzten Kraftreserven ausgehen, die Delfine zu lange nicht im Wasser waren oder man sich genau jetzt dazu entscheidet, Godzilla & Freunde mit taktischen Nuklearsprengköpfen zu beschießen. Nach zwei Stunden ist das Spiel vorbei.

Es sei noch darauf hingewiesen, dass sich das Spiel mit den unterschiedlichen Kreaturen auch sehr unterschiedlich spielt, sodass ich es für unmöglich erachte, die Kreaturen innerhalb einer Gruppe zu kombinieren. Wer dennoch einen Weg findet, kann dies gerne tun: Das Spiel ist allerdings darauf ausgelegt, dass sich alle Kreaturen auf demselben Powerlevel befinden und eben nicht einer eine einsame Qualle in einem viel zu großen Taucheranzug spielt, während der andere als Godzilla den Big Ben einreißt.

Nach diesen Worten zum Spiel selbst möchte ich noch ein paar weitere zu den folgenden Kapiteln verlieren. Das nächste Kapitel, „Hintergrund: Der Mensch erobert das Meer", beschäftigt sich mit der Spielwelt, die im Grunde genommen stark der unseren entspricht, wobei ich es mir erlaubt habe, eine kleine „nicht so ferne" Zukunft zu entwerfen, in welcher der Mensch das Meer viel stärker erschlossen und auch geknechtet hat. Die mittlerweile auch schon etwas betagte Serie „SeaQuest" kann da denke ich sehr gut Pate stehen. Ich habe mich für diese gegenüber der Realität leicht veränderte Spielwelt entschieden, um ein Plus an Möglichkeiten für die Spielgruppen zu garantieren.

Anschließend werde ich die Charaktererschaffung beschreiben und den Charakterbogen präsentieren, weil ich es für vorteilhaft erachte, dass man damit bereits vertraut ist, wenn man die Beschreibungen der Kreaturen liest.

Diese Beschreibungen werden dann auch auf dem Fuße folgen, wobei sie sich jeweils noch einmal zwei Teile unterteilen lassen. Zum einen in die eigentliche Beschreibung, die ich ausschließlich *ingame* als Vortrags eines Forschers zu dem Thema „Schrecken aus der Tiefe" zu verfassen gedenke und zum anderen in einen logistischen Teil, in dem ich noch ein paar Anmerkungen zu Erschaffung genau dieser Kreaturen mache, sowie ein paar mögliche Spielziele und Hindernisse präsentiere. Nach den Kreaturenbeschreibungen folgt dann die Beschreibung des Regelsystems.

Abschließend werde ich noch einmal anhand eines Beispiels die unterschiedlichen Spielarten, die mit der Wahl der unterschiedlichen Kreaturen einhergehen, demonstrieren.

Ich hoffe mal, dass ich die Zeit habe auch alle im Moment angedachten Kapitel zu verfassen...

HINTERGRUND: DER MENSCH EROBERT DAS MEER

In nicht allzu ferner Zukunft hat der Mensch ein paar Dinge erkannt, die ihm heute scheinbar noch sehr fernliegen. Er hat erkannt, dass es auf unserer kleinen Erde viel zu viele Menschen gibt, um allen angemessen Lebensraum und Nahrungsmittel zur Verfügung zu stellen. Er hat erkannt, dass er dieses Problem nicht durch die koloniale Erschließung des Weltraumes lösen kann, da er hierfür Milliarden an Euros aufwenden müsste und es trotzdem beinahe unmöglich sein würde, innerhalb der nächsten hundert Jahre auch nur irgendeinen Planetoiden zu bevölkern. Er hat erkannt, dass Terraforming-Projekte in den großen Wüsten ihm auch nicht wirklich weiterhelfen. Er kann zwar kurzfristig für eine Verbesserung der Situation sorgen, aber langfristig sind diese Projekte im wahrsten Sinne des Wortes ein Tropfen auf den heißen Stein. Aber er hat auch erkannt, dass die Meere 71% der Erdoberfläche einnehmen und dass dies doch eigentlich schon eine ganze Menge Platz ist ...

Nach dieser Erkenntnis begann der Mensch mit der Kolonisierung der Meere, wobei sich allerdings herausstellte, dass es für viele scheinbar

ein Problem ist, tatsächlich unter Wasser zu leben. Es existieren zwar weiterhin Pläne zur Errichtung ganzer Unterwasserstädte und ein paar davon, wie zum Beispiel „New York Underwater", befinden sich bereits konkret im Bau. Man ist aber dazu übergegangen, zunächst einmal Arbeitsplätze und Forschung sowie Energiegewinnung und Industrie unter den Meeresspiegel zu verlagern. Auch so mancher Militärstützpunkt befindet sich dort.

Der Meeresboden ist mittlerweile übersät mit menschlichen Bauwerken wie riesigen Forschungskomplexen oder ganzen Atomkraftwerkparks, als hätte er einen merkwürdigen Ausschlag.

Zu Beginn der Kolonisierung kam es aufgrund unvorhergesehener Schwierigkeiten, die das „Wetter" unter Wasser bereitete, oftmals zu verheerenden Unfällen, die eine nicht unerhebliche Zahl an Todesopfern forderten. Es gelang schließlich ein paar findigen Wissenschaftlern, eine Möglichkeit zu finden, das eigenwillige Meer unter die Kontrolle des Menschen zu zwingen. Das Ergebnis ihrer Bemühungen sind die Meereskontrollstationen, die mit mächtigen Turbinen und anderen technischen Spielereien die Unterwasserwetterlage vollkommen im Sinne des Menschen manipulieren. Diese Stationen findet man in regelmäßigen Abständen in allen großen Ozeanen dieser Welt, wobei die meisten staatlichen Unternehmen gehören. Einige befinden sich jedoch im Besitz schwerreicher Privatkonzerne.

Der Mensch hat im Übrigen noch was erkannt: Er hat erkannt, dass im Meer ausreichend viel Platz ist, um jegliche Form von Müll dort zu entsorgen. Zwar steht die Entsorgung von Leichen, Atom- oder Giftmüll unter Strafe, allerdings ist diese meist finanzieller Natur und diese zu entrichten kommt die sündigen Konzerne oft immer noch billiger als eine ordnungsgemäße Müllentsorgung. Einmal ganz davon abgesehen, dass man sie bei der Weite der Meere überhaupt erst einmal erwischen muss ...

Trotz des starken Protestes von Greenpeace und anderen Umweltorganisationen ist es allerdings erlaubt, Rest- und Verpackungsmüll im Meer zu entsorgen.

Eines hat der Mensch allerdings nicht erkannt, nämlich, dass sich das Meer von ihm nicht ewig auf der Nase herumtanzen lassen wird.

Bei der Charaktererschaffung und daraus resultierend auch bei dem Charakterbogen stand ich im Grunde genommen vor zwei Problemen: Zum einen wollte ich eine schnelle Charaktererschaffung, denn wenn eine Runde „Schrecken aus der Tiefe" als schnelles Spiel von maximal zwei Stunden gedacht ist, dann kann es nicht sein, dass man sich vorher ebenso lange mit dem Charakterbau beschäftigt. Das wäre in meinen Augen absolut kontraproduktiv. Mir schwebte stattdessen eine Erschaffung vor, die sich innerhalb weniger Minuten erledigen lässt.

Das zweite Problem war eines, mit dem ich mich während der gesamten Entwicklung der Spielmechanismen konfrontiert war: Die krassen Unterschiede im Powerlevel der Kreaturen. Da ich nicht für jede Kreatur ein neues Regelsystem entwerfen wollte, brauchte ich eines, in dem ich sowohl eine Qualle als auch einen Riesen Marke Godzilla erfassen konnte. Ein „klassisches" System mit Attributen und Fertigkeiten schied damit für mich von vorneherein aus, da es bedeuten würde, dass beispielsweise bei einem Attribut wie „Stärke" Godzilla entweder absurd hohe Werte oder aber eine der Qualle lächerlich geringe hätte. Beides fand ich eher suboptimal.

Letzten Endes entschied ich mich dafür, einen Charakter alleine durch Worte beschreiben zu lassen. Da ich, wie bereits erwähnt, die Kreaturen *ingame* durch menschliche Wissenschaftler beschreibe, setze ich dies beim Charakterbogen konsequent fort: Der Bogen ist nichts weiter als ein Datenblatt dieser Forscher, auf welchem die Daten eben dieser spezifischen Kreatur festgehalten sind.

Und diese Forscher werden dort bestimmt keine Angaben wie „Stärke 3" oder „Klettern 5" vermerken. Stattdessen werden ihre Angaben viel rudimentärer sein, also eher in die Richtung „außergewöhnlich stark" oder „sehr geschickt", und natürlich würden sie auch keine redundanten Angaben machen. So ist es vollkommen sinnlos, bei Godzilla darauf hinzuweisen, dass er stark ist, das Vieh ist so groß wie ein Hochhaus und kann ein solches ohne Probleme umknicken. So etwas erwartet man von einem Monster dieser Ausmaße doch eigentlich schon. Wenn er allerdings ebenfalls so „außergewöhnlich schnelle Reflexe" hat, dass er vorbeifliegende Kampfflugzeuge packen und verspeisen kann, dann ist dies schon ein Vermerk wert.

Das Formular, welches die Forscher für jede Kreatur ausfüllen, ergo der Charakterbogen, sieht dabei im Endeffekt wie folgt aus:

> ## Bezeichnung:
>
> ## Körperliche Merkmale:
> ### Größe:
> ### Gewicht:
> ### Aussehen:
>
> ## Besonderheiten:
> ### Vorzüge:
> ### Schwächen:
>
> ## Charakterliche Merkmale:

Wie man unschwer erkennen kann, ist dies nichts, was es verdient hätte, großartig ausgedruckt zu werden, sodass die Spieler ihren Charakterbogen auch einfach am Spieltisch mit einem Bleistift und einem Blatt Papier oder von mir aus auch mit einer Papierserviette binnen kürzester Zeit selbst erstellen können. Dem Gesellschaftspiel-Charakter von „Schrecken aus der Tiefe" ist dies nur dienlich.

Doch kommen wir einmal zu den Regeln der Erschaffung.

Die Bezeichnung der Kreatur, also ihr Name, sowie Größe, Gewicht und Aussehen, können frei gewählt werden.

Bei den Besonderheiten der Kreatur sieht dies schon anders aus. Besonderheiten bezeichnet hierbei, welche speziellen körperlichen Merkmale die Kreatur von ihren Artgenossen unterscheiden. So ist es bekannt, dass alle Monsterdelfine „übermenschlich stark" sind, wenn also in einem Factsheet eines speziellen Delfinmonsters „außergewöhnlich stark" steht, dann ist dieses Exemplar auch unter seinen Artgenossen ein echter Reißer und als Mensch sollte man einer körperlichen Auseinandersetzung tunlichst (!) aus dem Weg gehen, auch wenn man ein paar kräftige Kumpel dabei hat.

Welchen Erwartungshorizont man an eine einzelne Kreaturen-Gattung zu stellen hat, ist dem entsprechenden Kapitel zu entnehmen. Bei der Charaktererschaffung darf sich nun jeder Spieler für seine Kreatur als Besonderheiten fünf Vorzüge auswählen, wobei ich darauf vertraue, dass diese Freiheit nicht derart ausgenutzt wird, dass sich jemand Vorzüge wie *„unverwundbar"* oder *„unsterblich"* aufschreibt, sondern dass man sich im Rahmen hält, *„schwer verwundbar"* klingt hier doch schon ganz anders. Wie immer bei jedem Spiel sollte der Spaß aller im Vordergrund stehen und es macht letzten Endes schlicht und ergreifend keinen Spaß, wenn man die Freiheit, die „Schrecken aus der Tiefe" bietet, in dieser Weise ausnutzt. Wenn ich mich hier allerdings irre und es gerade eurer Gruppe genau so Spaß macht, dann ... spielt auch so.

Als Gegenzug für seine fünf positiven Besonderheiten muss jeder Spieler allerdings auch **drei Schwächen** seiner Kreatur auswählen, schließlich müssen die Armeen der Menschen auch irgendeine Chance gegen Godzilla haben. Ist er vielleicht Kaltblüter?

Zur besseren Veranschaulichung werde ich jede Kreaturenbeschreibung mit einer Beispielkreatur abschließen. Wie sich die Besonderheiten einer Kreatur nun im Regelsystem auswirken, kann dem entsprechenden Kapitel entnommen werden.

Als charakterliche Merkmale kann der Spieler genau solche Dinge aufschreiben, also ob seine Kreatur etwa *„hitzköpfig"*, *„arrogant"* oder eher *„besonnen"* ist. Natürlich ist jeder Spieler dazu angehalten, sich auch an seine eigenen Vorgaben zu halten. Schließlich wollen wir auch ein bisschen ROLLENspiel erhalten und besonders bei den Quallen haben wir es dabei mit einem nicht unerheblichen Spaßfaktor zu tun, wie sich noch zeigen wird ...

Die Quallen

HINTERGRUND

Guten Abend meine verehrten Damen und Herren, mein Name ist Prof. Dr. Dr. Wolfe.

Wir haben uns heute hier versammelt, damit ich Sie über den aktuellen Stand unserer Forschung bezüglich der aggressiven Attacken einiger offensichtlich mutierter Meeresbewohner informieren kann, denn schließlich sind Sie meine Geldgeber.

Ich möchte Ihre Zeit auch nicht unnötig verschwenden und werde deshalb gleich zur Sache kommen. Wir haben im Zuge unserer Forschung dutzende verschiedener Arten von aggressiven Meeresbewohnern ausgemacht und katalogisiert. Allerdings sind bis zum jetzigen Zeitpunkt nur vier Arten von ihnen derart verstärkt mit dem Menschen in Kontakt gekommen, dass wir genügend Daten über sie sammeln konnten, um ihre spezifischen Merkmale herauszuarbeiten, sodass wir sie hoffentlich irgendwann gegen diese Kreaturen verwenden können.

Nun, die ersten dieser vier Kreaturen sind die mutierten Quallen. Die ersten Kontakte mit ihnen schienen uns zunächst reine Zufallsprodukte zu sein. Wir fanden welche von ihnen in den defekten Motoren von U-Booten. Andere fanden wir in Schaltkreisen von Waffensystemen, die plötzlich das Feuer auf Schiffe aus der eigenen Flotte eröffneten. Sie hatten einmal sogar eine ganze Meereskontrollstation außer Gefecht gesetzt, indem sie sich systematisch in der Energieversorgung der Station ausbreiteten. Erkennen Sie bereits das Muster? Wir kamen auch bald zu dem Schluss, dass es sich hierbei nicht um Zufälle handeln kann. Nicht in dieser Häufung. In der Tat scheinen diese Quallen von außerordentlicher Intelligenz zu sein und ein enormes Verständnis für Technik zu haben, anders lässt es sich nicht erklären, wie diese Selbstmordattentäter ihr Leben in für uns derart wichtigen elektrischen Systemen aushauchen und uns damit immensen Schaden zufügen.

Es konnte also schnell ermittelt werden, dass sich diese Qualen mit voller Absicht in unseren Energie- und Computersystemen einnisteten, es stellte sich also die Folgefrage, wie diese Quallen dorthin gelangen. Schließlich handelt es sich bei ihnen nach wie vor um Quallen, die außerhalb ihrer natürlichen Umgebung, dem Meereswasser, eine Lebenserwartung von nur wenigen Augenblicken haben ... von ihren mehr als eingeschränkten Bewegungsmöglichkeiten gar nicht zu sprechen.

Wie also gelangen sie in die Nähe unserer wichtigen Systeme? Wir rätselten sehr lange an diesem Geheimnis, aber schließlich gelang es uns, es zu lüften. Und diese kleinen Biester haben es uns dabei bestimmt nicht leichtgemacht. Wie ich bereits erwähnt habe, sind die kleinen Viecher hochintelligent. Aber Sie wollen bestimmt nicht länger auf die Folter gespannt werden, wenn Sie Ihren Blick also bitte mal auf die Ihnen übermittelten Videodateien richten würden.

Was sehen Sie? Ich sage es Ihnen: Sie sehen einen Unterwasser-Arbeiter in seinem Außenanzug, wie die Jungs ihn tragen, wenn sie Arbeiten an einer U-Boot-Hülle durchführen, oder ein neues Unterwasser-Gebäude errichten. Wenn Sie etwas aufmerksamer hinschauen, werden Sie feststellen, dass er sich etwas unbeholfen zu bewegen scheint. Er torkelt, zieht manchmal das rechte, manchmal das linke Bein nach. Hier können Sie sehen wie der rechte Arm leblos herunter hängt ... und hier wie der Arbeiter mit genau diesem Arm einen Knopf drückt. Merkwürdig, nicht wahr? Uns kam dies auch sehr merkwürdig vor, daher beschlossen wir, der Sache auf den Grund zu gehen und stellten Erstaunliches fest ...

Ich übermittle Ihnen jetzt noch einmal dieselbe Aufnahme, allerdings mit einem anderen Kamerafilter, einem Infrarotfilter. Sie erkennen, dass der

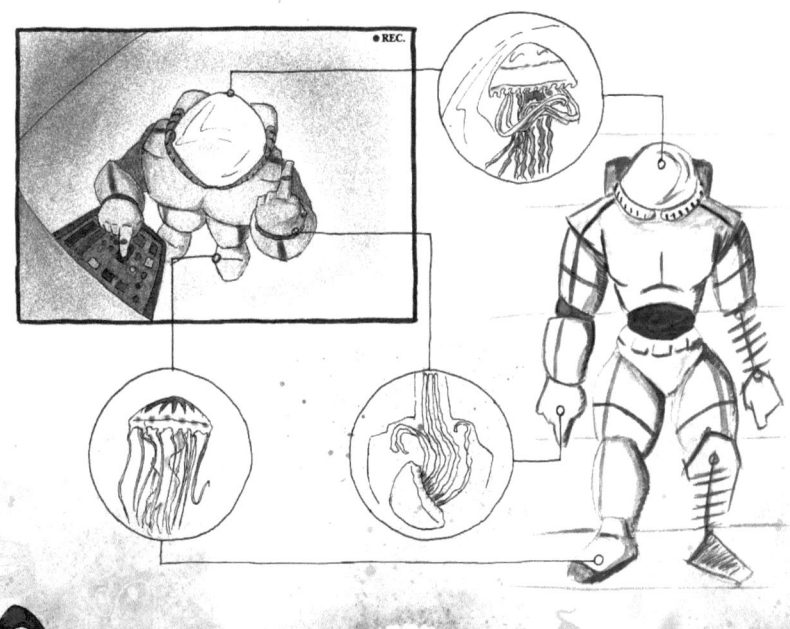

Arbeiter ganz und gar nicht der Wärmesignatur eines Menschen entspricht, sondern stattdessen fast komplett kalt zu sein scheint, bis auf vier kleine Wärmequellen in seinem Inneren, die ständig die Position wechseln.

Nun meine Damen und Herren, der Arbeiter ist deshalb komplett kalt, weil in dem Anzug kein Arbeiter steckt, dafür ist er bis an den Rand mit Meerwasser gefüllt! Die vier Wärmequellen, die Sie sehen, sind Quallen, die ständig Ihre Position ändern, um den Anzug auf einigermaßen menschliche Art und Weise fortzubewegen. Derart, als betrunkener Außenarbeiter getarnt, nähern sich die Quallen ihrem Zielsystem, um sich dann aus dem Anzug in das Elektroniksystem zu ergießen. Wir haben tatsächlich bei allen Quallenfunden auch einen solchen Arbeitsanzug in unmittelbarer Nähe entdeckt. Zunächst haben wir uns darauf keinen Reim machen können, aber jetzt ergibt alles einen Sinn!

Ich kann nicht umhin vor der Geistesleistung der Quallen meinen Hut zu ziehen. Nicht nur, dass es ihnen gelingt, unsere empfindlichsten Elektroniksysteme in ihrem Sinne zu manipulieren, sie benutzen dazu unsere eigenen Unterwasseranzüge, die wir natürlich so konstruiert haben, dass kein Wasser eindringen kann und die Quallen haben richtig erkannt, dass, wo kein Wasser eindringen, auch keines ausdringen kann. Wenn die raffinierten Biester ferner die Helmbeleuchtung ausschalten, kann auch niemand durch das Visier erkennen, ob sich dahinter ein Menschengesicht verbirgt oder nicht. Einfach Genial!

Nachdem wir ihre Vorgehensweise erst einmal durchschaut hatten, gelang es uns natürlich auch, einige der Quallen gefangen zu nehmen und genaueren Untersuchungen zu unterziehen. Zu unserer Beruhigung stellten wir fest, dass sie offensichtlich nicht zu direkten, für einen Menschen gefährlichen Angriffen in der Lage sind, wie etwa die Delfine.

Dennoch haben sie im Vergleich zu ihren nicht mutierten Artgenossen ganz außergewöhnliche Merkmale. So haben sie eine Körperkraft, soweit man bei Quallen von Kraft oder von Körper reden kann, die mit der eines kleinen Hundes zu vergleichen ist. Wir konnten beobachten, wie sie in ihrem Aquarium Steine durch die Gegend schoben, indem sie sich dagegen drückten. Auf diese Art und Weise bewegen die Quallen auch den Anzug.

Darüber hinaus sind ihre Tentakel, die herkömmliche Quallen lediglich dazu nutzen, sich im Wasser fortzubewegen, für sie ebenfalls ein wichtiges Werkzeug, denn mit ihnen können sie filigrane Aufgaben übernehmen und sogar die Finger des Anzughandschuhs bewegen. Ganz konkret versuchten die Versuchsobjekte, die Schrauben ihres Aquariums, welches sie wohl als Gefängnis betrachten, herauszuschrauben.

Schließlich legt das effiziente Vorgehen, welches die Quallen bei einer ihrer Infiltrationen an den Tag legen, nahe, dass sie auch auf irgendeine Art und Weise dazu in der Lage sind, untereinander zu kommunizieren. Andernfalls könnten sie den Anzug kaum effizient bewegen, dafür müssen sie als Einheit funktionieren. Vermutlich stehen sie untereinander in einer Art telepathischem Kontakt.

Unseren Beobachtungen zufolge scheint es sich bei den Quallen allerdings nicht um willenlose Drohnen zu handeln, denn auf den ausgewerteten Videomaterialien war vermehrt zu erkennen, dass die Quallen sich nicht einig waren, welcher Weg einzuschlagen sei oder ähnliches. Man hatte den Eindruck als würden sie streiten oder zumindest diskutieren. Jede Qualle scheint einen individuellen Charakter zu haben.

Wenn man einen Arbeiter einmal als „Quallenkonstrukt" entlarvt hat, hat man eigentlich schon gewonnen, denn in einer aktiven Kampfhandlung können die Quallen den Anzug kaum adäquat führen, gleiches gilt für die Flucht. Heimlichkeit ist für diese Saboteure oberstes Gebot, wenn Sie also einem scheinbar betrunkenen Außenarbeiter begegnen, riskieren Sie lieber noch einen zweiten Blick ...

LOGISTIK

HINWEISE ZUR CHARAKTER-ERSCHAFFUNG

Wenn man sich dazu entscheidet, ein Quallen-Squad zu spielen, erschafft die Gruppe nur einen gemeinschaftlichen Charakter, sie erschafft sich quasi den übernommenen Anzug. Körperliche Besonderheiten wären hier also zum Beispiel besonders „gute Kontrolle über die Beine", sodass man sich ohne zu torkeln fortbewegen kann oder auch „geputztes Visier", sprich die Qualle, die sich im Helm befindet kann auch auf große Entfernung Dinge klar erkennen. Wenn der Anzug etwas sehen möchte, muss sich übrigens eine Qualle im Helm befinden, welche dann die anderen dirigiert, andernfalls agiert der Anzug blind.

Was die charakterlichen Merkmale angeht, so muss an dieser Stelle ganz klar festgehalten werden: Quallen sind Zicken. So richtige Super-Zicken. So ziemlich jede von ihnen hat einen ausgeprägten Charakter und ein paar weniger charmante Wesenszüge. Mit anderen Worten befinden sich die Quallen während einer Mission im Dauerstreit und werfen sich gegenseitig im höchsten Maße Unfähigkeit vor, was sie auf telepathischem

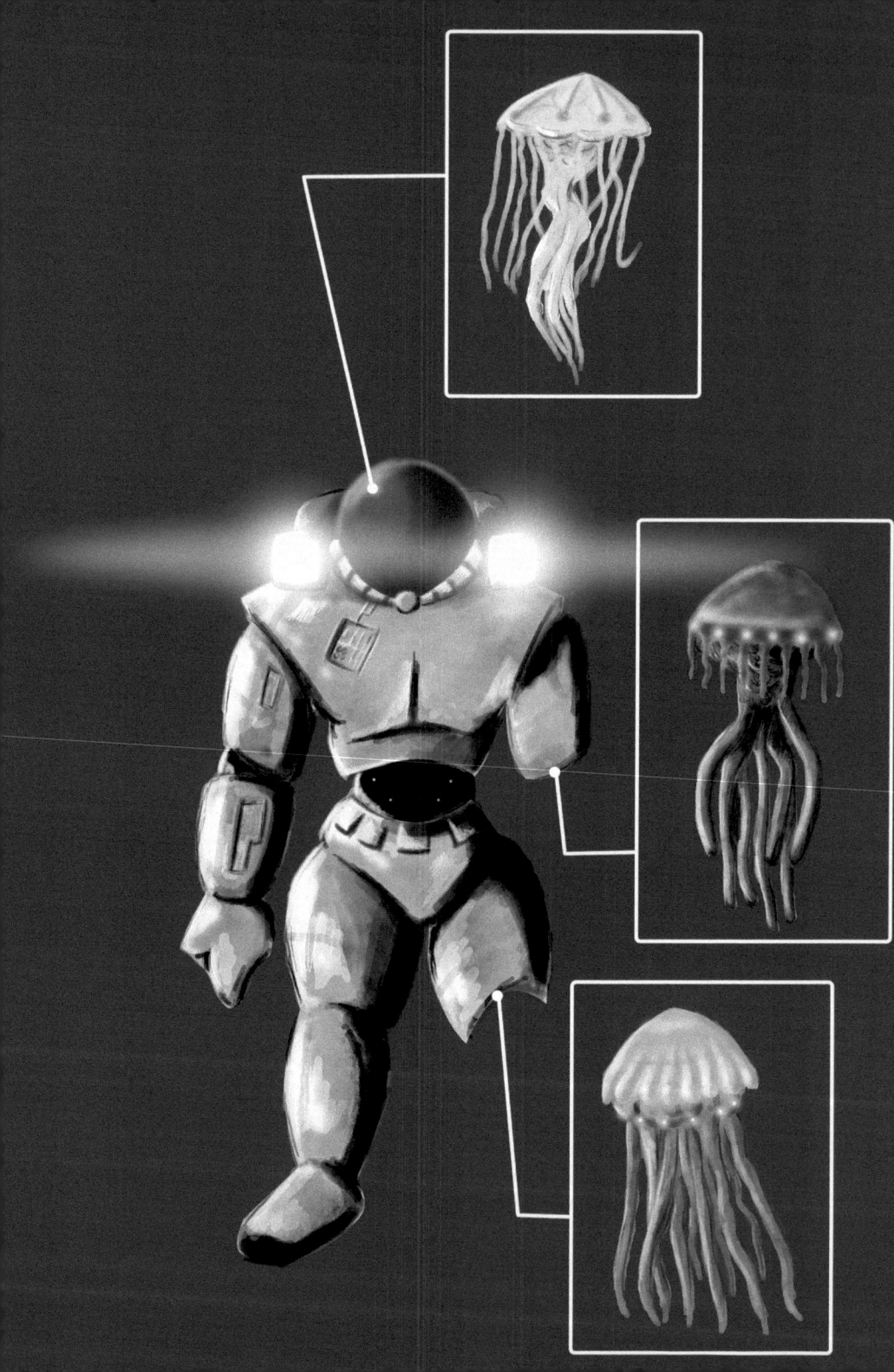

Wege tun; für die Spieler bedeutet dies, sie können sich einfach miteinander unterhalten. Die Quallen können allerdings in keinen verbalen oder telepathischen Kontakt mit Menschen treten. Für die Spieler gilt also, dass jeder eine der Quallen übernimmt und ihr ein paar spleenige Charakterzüge verpasst. Wenn es hart auf hart kommt, halten die Quallen natürlich letzten Endes doch zusammen. Es ist ohnehin schwer genug, mit vier Quallen vier Gliedmaßen und den Helm so zu besetzen, dass man sich einigermaßen unauffällig fortbewegen kann; man stelle sich das Ganze wie eine Art Buddy-Movie im Stile von „Nur 48 Stunden" vor, nur eben mit Quallen ...

Als Bezeichnung wird meistens der Name verwendet, der in den Anzug eingraviert ist, schließlich hat der Anzug auch mal einem armen, menschlichen Arbeiter gehört. Es steht den Spielern natürlich frei, sich Namen für die einzelnen Quallen auszudenken, um sich gegenseitig besser angiften zu können ...

Aussehen fällt natürlich flach, denn Quallen sehen aus wie Quallen und ein Außenarbeiteranzug wie ein Außenarbeiteranzug (also ein klein wenig wie ein schmalbrüstiger Space-Marine aus *StarCraft*).

SPIELZIELE

Die Spielziele laufen natürlich darauf hinaus, irgendwelche Elektroniksysteme lahmzulegen oder zu manipulieren – das kann ein Waffensystem oder eine Lebenserhaltung sein. Natürlich kann es auch genauso möglich sein, dass die Quallen irgendwie anders manipulativ tätig werden, etwa indem sie einen Gesetzesentwurf im Safe der „Water Force One" austauschen oder ähnliches.

Die Missionen der Unterwasserquallen laufen dabei allerdings immer auf Heimlichkeit und niemals auf Gewalt hinaus. Diese versuchen die Quallen sogar tunlichst zu vermeiden, da sie in einem solchen Falle in der Regel den Kürzeren ziehen, das heißt ... haben eure Quallen den Vorteil „kann Pistole benutzen"?

HINDERNISSE

Die Hindernisse für die Quallen sind von mannigfaltiger Gestalt. Am offensichtlichsten sind natürlich Sicherheitsleute oder gar Soldaten, aber als genauso gemein kann sich eine verschlossene Tür oder ein Riss im Anzug erweisen. Außerdem ist es außerordentlich fies, wenn sich ein Schalter in, sagen wir mal, zwei Meter fünfzig Höhe befindet, denn Springen oder Klettern ist alles andere als trivial ...

BEISPIELCHARAKTER

Bezeichnung: Jack Sullivan

Körperliche Merkmale:
Größe: 1,80
Gewicht: 85 kg
Aussehen: ---

Besonderheiten:
Vorzüge: geputztes Visier, kann Pistole benutzen, Kontrolle der Beine, Zusammensacken (so tun als wäre man ein leerer Anzug), kann sprinten
Schwächen: kleiner Riss im Anzug, braucht 2 Quallen für den linken Arm, Anzug hat äußerliche Schäden (ist auffällig)

charakterliche Merkmale:
hitzköpfig (Qualle 1)
bedacht (Qualle 2)
Heulsuse (Qualle 3)
kindisch (Qualle 4)

DIE DELFINE

HINTERGRUND

Nun wollen wir unsere Konzentration auf eine andere gefährliche Gattung der Kreaturen richten: die Delfine.

Im Gegensatz zu den Quallen war uns bei den Delfinen seit dem Erstkontakt klar, dass es sich hierbei um dem Menschen feindlich gesonnene Kreaturen handelt, schließlich fuhr nach dem Erstkontakt ein komplett entvölkertes Passagierschiff im Hafen von Lissabon ein ...

Ich denke, wir alle wissen, wie die mutierten Delfine aussehen, schließlich gehen sie medienwirksam vor und sind nicht gerade kamerascheu: Es handelt sich bei ihnen im Grunde genommen um Delfine, denen äußerst kräftige menschliche Extremitäten gewachsen sind, mit im Regelfall drei Fingern beziehungsweise Zehen. Darüber hinaus fällt auf, dass sie sich scheinbar schmücken, also sich Symbole in die Haut ritzen, die wir nicht verstehen, oder sich Schmuck in die ledrige Haut stecken. Es wurden jedoch auch schon Delfine gesichtet, die menschliche Kleidung trugen, welche sie ihren bedauernswerten Opfern entwendet hatten. Mitunter kann sich ein Delfin jedoch auch extrem von seinen ebenfalls mutierten Artgenossen unterscheiden, denn jeder von ihnen verfügt noch über weitere, individuellere Mutationen. Unseren Beobachtungen zufolge kann dies ein stachelbewehrter Schwanz, besonders dicke Haut, ein drittes Auge, fünffingrige Hände oder etwas ganz anderes sein. Ein Muster konnten wir bis jetzt noch nicht ermitteln. Es sei jedoch auch ausdrücklich darauf hingewiesen, dass nur, weil man keine besondere Mutationen sehen kann, deshalb noch lange keine vorhanden sein müssen! Wir haben bereits sowohl die Fähigkeit Säure wie auch Feuer zu spucken beobachten können!

Die Delfine scheinen im geringen Maße kulturschaffend zu sein. So gelang es einigen unserer Mitarbeiter unter höchster Gefahr für das eigene Leben, welches leider auch nicht wenige von ihnen verloren, so etwas wie primitive Siedlun-

gen in Unterwasserhöhlen zu beobachten; die Kreaturen scheinen dort in familienähnlichen Sozialverbünden zu leben.

Ferner besitzen sie ein geringes handwerkliches Geschick, welches sie dazu nutzen, aus Korallen Speere, Messer und andere Waffen zu fertigen.

Die Delfine verfügen über höchst beeindruckende körperliche Fähigkeiten, so können sie sich für eine gewisse Zeit an Land aufhalten, müssen jedoch alle 2 bis 3 Stunden wieder für einige Zeit ins Wasser zurück. Darüber hinaus sind ihre physischen Leistungen einfach nur herausragend zu nennen: Ihre Körperkraft ist mit der eines Bären vergleichbar, so sah ich manch einen von ihnen Menschen wie Puppen durch die Luft werfen, oder auch schwere Türen einschlagen. Des Weiteren sind sie auch überaus schnell und geschickt, so können sie auf allen Vieren blitzschnell eine Wand hochklettern oder sogar an der Decke entlangrennen und dies mit einer Geschwindigkeit, dass so manch fliehendes Opfer wohl das Gefühl haben musste, es würde sich nicht vom Fleck bewegen, kurz bevor es getötet wurde.

Auch die Sprungkraft eines Delfins ist beachtlich und liegt deutlich über der Leistungsfähigkeit eines Menschen.

Diese haushohe physische Überlegenheit gegenüber dem Menschen scheinen die Delfine mit umso verkümmerteren geistigen Fähigkeiten erkauft zu haben. Sie können zwar sprechen, allerdings bewegen sich die Gespräche meist auf dem Niveau von Kindern, auch wenn ihr Vokabular durchaus recht brutal ist.

Auch ihr Vorgehen zeugt nicht gerade von Intelligenz. Des Öfteren wird klar, dass sie offensichtlich ein Ziel haben, etwa eine bestimmte Person. Ihr Weg zu dieser Person ist allerdings oft von geradezu unnötiger Anwendung von Gewalt geprägt, womit ich zum Beispiel eingeschlagene Türen meine, die gar nicht verschlossen waren oder wenn sich der Zutritt zu einem Gebäude, statt unauffällig durch den Hintereingang, durch den Haupteingang verschafft wird.

Auch scheinen die Delfine nicht zu begreifen, wie man unsere Technologie verwendet. Einen Computer schlagen sie eher zu Klump, als dass sie ihn benutzen, auch gelingt es ihnen nicht, hinter das Geheimnis der Benutzung unserer Feuerwaffen zu kommen. Es existieren Videoaufnahmen von Delfinen, die sich selbst töteten, als sie in einen Gewehrlauf schauten und gleichzeitig den Abzug betätigten oder von Delfinen, die ein plötzlich losgehendes Gewehr erschrocken fallen ließen und dann wütend zerschlugen.

Im Gegensatz zu den mutierten Quallen oder dem, was man ihren eigenen, nicht mutierten Artgenossen nachsagt, kann man festhalten, dass diese Delfine einfach nur dumm sind. Zum Glück! Es wäre nicht auszu-denken, wenn diese Kreaturen auch noch mit außerordentlicher Intelli-genz gesegnet wären.

Ihre ganze brutal-dumme Art erinnert einen frappierend an die unter der Bezeichnung „Orks" bekannt gewordenen Monster aus diversen Fan-tasyromanen.

LOGISTIK

HINWEISE ZUR CHARAKTER-ERSCHAFFUNG

Wie in der Beschreibung bereits deutlich geworden ist, sind die Delfine dem Menschen körperlich extrem überlegen. Solche Dinge muss man dann nicht extra auf dem Charakterbogen vermerken, wenn man doch hinschreibt: *„extrem stark"*, ist man extrem stark für einen mutierten De-lfin, also unterm Strich so ein richtiger Brocken, der mal eben mit PKWs um sich schmeißt. Ferner ist im Text erwähnt, dass die Delfine alle eigene Mutationen haben, solche Mutationen sind natürlich ebenso körperliche Merkmale, die sich für den jeweiligen Delfin sowohl als Vorzug als auch als Schwäche herausstellen können.

Als Bezeichnung kann der Spieler einen Namen frei wählen, wer weiß schon woher barbarische Delfine ihre Namen beziehen. Vielleicht über-nehmen sie die Namen von Menschen, denken sich selbst welche aus oder übernehmen häufig gehörte Wörter wie „Hilfe", „Nein" oder „Bitte-nicht" als Namen?

Wie die Biester aussehen, ist auch bereits weiter oben beschrieben, wo-bei man sich aus diesem Entwurf rausgreifen kann, was einem passt. In dem oben geschilderten Muster sieht im Grunde genommen jeder Delfin genauso individuell aus wie ein Mensch ... inklusive Hautfarbe. Einzige Pflicht ist das originale, niedliche Flipper-Grinsen ...

Auch bei charakterlichen Merkmalen kann man aus der ganzen Band-breite menschlicher Charakterzüge schöpfen, wobei allerdings Wesenszü-ge wie *„hilfsbereit"* oder *„mitleidig"* eher selten anzutreffen sein dürften, was mich zu einer wichtigen Anmerkung führt:

Es sollte klargeworden sein, dass mit den Delfinen nicht gut Kirschen essen ist und natürlich kann man dies an einem Spielabend dafür nutzen, sich im grausamen Abschlachten einer Schulklasse zu ergehen, aber so hatte ich mir das nicht vorgestellt. Die Gewalt sollte im Spiel eigentlich eher einen comichaften Charakter haben. Als guten Maßstab wie ich mir die Sache gedacht habe, kann ich den Film „X-Men 2" empfehlen, hier kommt es auch zu Kämpfen und Wolverine ist mit den Marines nicht gerade zimperlich, aber es wird nie über alle Maßen brutal und im Grunde genommen fließt auch kein für den Zuschauer sichtbares Blut ... außer bei Wolverine und Deathstrike, aber die haben auch den Vorzug *„schnelle/ verbesserte Regeneration"* und dürfen das ...

SPIELZIELE

Die formulierten Spielziele der Delfine sind meist eher einfacher Natur, schließlich will man die Guten nicht intellektuell überfordern und mit „Geh dahin und mach das kaputt", wobei „das" sowohl ein Gegenstand als auch ein Mensch sein kann, kommen sie bestens klar. Ein Auftrag wie „Geh dahin und bringe X unversehrt (!!) nach Y" erfordert von den Delfin-Jungs und -Mädels schon intellektuelle Höchstleistungen.

An Szenarios wie „erobere das U-Boot" könnten sie allerdings durchaus auch Gefallen finden und mal einfach nur Jagen gehen kann sehr entspannend sein ...

HINDERNISSE

Da Delfine solche Wörter wie subtil oder heimlich im Wörterbuch nachschlagen würden, wenn sie lesen könnten, dürfte es bei ihrer direkten Art, Probleme zu lösen, schnell zu erraten sein, welche Hindernisse sich ihnen hauptsächlich in den Weg stellen: Sicherheitsleute und bewaffnetes Militär. Vielleicht auch mal Kampfhunde oder streitlustige Artgenossen.

Richtig ätzend ist dieses sprechende Teil da an der Wand, dass die ganze Zeit „Zugriff verweigert" von sich gibt ... und irgendwie geht die Tür nicht auf ... hmm ... wenn man auf das Ding draufhaut ist es still ... und so stabil sieht die Tür nicht aus ...

Bezeichnung: Verschwinde-du-Scheusal

Körperliche Merkmale:
Größe: 1,70 m
Gewicht: 80 kg
Aussehen: Narbe durch das linke Auge,
　　diverse Symbole in den Oberkörper
　　geritzt, einige Piercings im Gesich

Besonderheiten:
Vorzüge: Zunge (wie die Licker aus „Resi-
　　dent Evil"), spürt keinen Schmerz, klein
　　und gelenkig (wie ein Schlangenmensch
　　... für Delfin-Verhältnisse), kann beson-
　　ders lange an Land (bis zu 10 Stunden),
　　gutes Gehör
Schwächen: schwach (kann nur zwei
　　Wrestler gleichzeitig mühelos verklop-
　　pen...), einäugig

charakterliche Merkmale:
　　grantig,
　　aufbrausend,
　　schnell frustiert

SEE TEAM

GODZILLA UND RIESENKRAKEN

HINTERGRUND

Kommen wir abschließend zu den wohl gefährlichsten der aggressiven Meereskreaturen: feuerspuckende Riesenechsen, die wir Godzillas getauft haben, und Riesenkraken. Jeder von uns kennt die beklemmenden Bilder, wie einige Godzillas große Teile des San-Angeles-Megaplex verwüstet haben oder wie Riesenkraken ganze Flugzeugträger in die Tiefe reißen.

Im Grunde genommen kann ich nicht viel zu diesen Ungeheuern sagen. Sie scheinen sich wahllos über Küstenstädte und Schiffe herzumachen, aber auch Meereskontrollstationen oder andere unserer großen Unterwasseranlagen sind immer wieder beliebte Ziele.

Man scheint diesen Biestern nur mit schwerem Militär beikommen zu können, allerdings ist es auch schon passiert, dass Godzillas nach ein paar Stunden abrupt von ihrem Tun abließen und wieder in den Weiten des Ozeans verschwanden, und so mancher Riesenkrake verschonte ein Schiff, nachdem die Passagiere um ihr Leben bettelten.

Das Verhalten dieser Geschöpfe entzieht sich mir als Wissenschaftler völlig, sie verhalten sich sehr sprunghaft und äußerst unberechenbar, beinahe wie Kinder.

Es tut mir schrecklich leid, dass ich Ihnen nicht mehr zu diesen Kreaturen erzählen kann, aber ich kann Ihnen versichern, dass wir auf diesem Gebiet weiterforschen. Vor einigen Wochen haben wir ein Forschungs-Schiff zu den Koordinaten 47° 9' Süd, 126° 43' West ausgeschickt, wo wir laut Messdaten eine Konzentration von Riesenkraken erwarten. Leider ist der Kontakt seit ein paar Tagen abgebrochen. Die Aktivitäten in dieser Region scheinen allerdings zuzunehmen.

Ich werde Sie auf dem Laufenden halten.
Ich empfehle mich nun und werde meine Forschungen fortsetzen.
Ich wünsche Ihnen noch einen angenehmen Tag.

LOGISTIK

HINWEISE ZUR CHARAKTER-ERSCHAFFUNG

Der gute Prof. Dr. Dr. Wolfe hat es im Grunde genommen exakt getroffen: Bei den aggressiven Godzillas und Riesenkraken handelt es sich in der Tat um Kinder. Die ausgewachsenen Exemplare sind die vermutlich kultiviertesten Lebewesen auf dem ganzen Planeten, aber die lieben Kleinen sind nun einmal noch nicht so weit und wollen spielen, und trotz Verbot der Eltern gehen sie mit ihren Spielsachen nicht gerade zimperlich um. Ich war auch nicht immer nett zu den Käfern und Fliegen, die ich so in meinem Kinderzimmer gefunden habe ... Und ebenso gehen die kleinen Godzillas eben gerne in den menschlichen Großstädten spielen, da gibt es auch so viele leckere Sachen wie Stadtbusse mit Füllung. Da sowohl Godzillas als auch Riesenkraken keine für den Menschen verständliche Form der Kommunikation pflegen, wird es diesem vermutlich ewig verwehrt bleiben zu erkennen, dass er es mit Kindern zu tun hat.

Wie Godzillas oder Riesenkraken aussehen, muss ich glaube ich nicht wirklich beschreiben, da wohl jeder eine ziemlich genaue Vorstellung davon hat. Zu diesen Grundvorstellungen kann man dann noch ein paar Details ausarbeiten, etwa Narben oder besondere Hautfarben, und schon ist man am Ziel.

Bezeichnungen sind so eine Sache. Diese Kreaturen haben Namen, menschliche Kehlen werden sie aber kaum korrekt aussprechen können.

Was die körperlichen Besonderheiten angeht, so gilt dasselbe, was bereits bei den Delfinen galt: Ein „extrem starker" Godzilla ist extrem stark für einen Godzilla und entzieht sich somit eigentlich schon jeglicher Skala. Ansonsten ist man recht frei, was für Merkmale man seinem Godzilla gibt, er kann mehrere Arme haben oder Velociraptor-artige Krallen an den Füßen, er kann Kaltblüter sein oder einfach nur tollpatschig.

Die charakterlichen Merkmale entsprechen ziemlich genau denen menschlicher Kleinkinder, sie sind neugierig, launisch, lassen sich durch wütende Eltern einschüchtern und fangen an zu weinen und mit den Beinen aufzustampfen, wenn ihnen etwas nicht passt (gar nicht gut ...).

Sie sind zwar riesengroß, aber sie sind trotzdem nur Kinder.

SPIELZIELE

Tokyo?

HINDERNISSE

Lästige Hindernisse sind natürlich zum einen die anderen Kinder, die einem immer die Spielsachen wegnehmen wollen, aber auch die Spielzeuge selber bewerfen einen manchmal mit so ärgerlichen, komischen knallenden Dingern, die verflixt weh tun.

Die Menschen versuchen natürlich alles, um die Riesenungeheuer unter Kontrolle zu bekommen, wobei „alles" heißt, „alles Militärische", aber so ein Godzilla spielt auch ganz gerne mit Mechs. Die fiesen anderen Kinder sind natürlich solche Kreaturen wie Mothra und wie sie alle heißen mögen. Aber auch wenn die Eltern sich blicken, lassen ist dies für die kleinen Hosenscheißer äußerst unangenehm ...

Keine Hindernisse stellen Angriffe mit Massenvernichtungswaffen dar, solche sind dem Spielleiter nämlich vor Ablauf der Zweistundenfrist verboten, schließlich sollen die Bürger Tokyos gerettet, und nicht von ihren Militärs ohne viel Federlesen geopfert werden. Einzig wenn man gar keine andere Möglichkeit mehr sieht, drückt man den roten Knopf ... nach zwei Stunden Spielzeit.

Bezeichnung: *guturale Knacklaute*

Körperliche Merkmale:
Größe: 200 m
Gewicht: viele Tonnen
Aussehen: eine riesige Echse mit kleinen
Flügeln auf dem Rücken und einem
Horn

Besonderheiten:
Vorzüge: schnelle Reflexe,
starker Magen (das Vieh kann buchstäblich
alles fressen ...), Flügel (kann kurze Zeit
ein bisschen Schweben), Horn auf der
Stirn, gutes Gehör
Schwächen: Kaltblüter, nässt (peinlich ...),
verkümmerte Geschmacksnerven (das
Vieh frisst auch alles ...)

charakterliche Merkmale:
neugierig,
schreckhaft,
weint schnell und wird bockig.

SEE TEAM

Nachdem nun die vier Kreaturen, als welche die Spieler ihr Unwesen treiben können, beschrieben sind, folgt ein weiterer wichtiger Punkt in jedem Rollenspiel, ach was, in jedem Spiel: die Regeln. In „Schrecken aus der Tiefe" sind die Regeln so einfach, dass man fast schon behaupten kann, sie wären gar nicht vorhanden.

Will ein Spieler eine bestimmte Aktion durchführen, so entscheidet sich anhand der besonderen Eigenschaften der Kreaturenart, die er spielt, der besonderen Eigenschaften seiner speziellen Kreatur und der aktuellen Spielumstände, ob er Erfolg hat, ob er würfeln muss oder ob ihm die Aktion misslingt.

Wenn die vom Spieler angedachte Aktion ganz klar im Rahmen seiner Möglichkeiten liegt, ist er automatisch erfolgreich und der Spieler kann seine Handlungen ohne jeden Bruch weiterbeschreiben. Ist es dem Spielleiter nach Einschätzung des Spielgeschehens dagegen klar, dass die Aktion der Kreatur auf keinen Fall gelingen kann, übernimmt der Spielleiter die Erzählführung und schildert die Konsequenzen, die das Scheitern für die Kreatur hat.

Kann laut Einschätzung des Spielleiters die Aktion genauso gut gelingen wie misslingen, so dass er den Spieler weder guten Gewissens Erfolg noch Misserfolg haben lassen kann, wird ein sechsseitiger Würfel geworfen. Zeigt er eine Zahl zwischen eins und drei, ist die Aktion misslungen, zeigt er eine Zahl zwischen vier und sechs, ist die Aktion erfolgreich.

Damit braucht man, um „Schrecken aus der Tiefe" spielen zu können, also einen Bleistift, einen kleinen Notizblock und einen normalen, sechsseitigen Würfel ... diese Utensilien lassen sich in jeder handelsüblichen Spielesammlung finden, wie sie jede Familie im Haus hat, sodass man im Grunde genommen ohne jeglichen logistischen Aufwand losspielen kann.

Es stellt sich noch die Frage nach dem Ableben einer Kreatur. Wie bereits richtig erkannt, verfügen die Kreaturen über keine Lebensenergie oder ähnliche Indikatoren ihres körperlichen Zustandes. Die einzige Regel ist hier der gesunde Menschenverstand: Eine Kreatur scheidet aus dem Leben, wenn an ihr genügend Schaden angerichtet wurde und man zu der realistischen Einschätzung kommen könnte, hier wäre nun Ende der Fahnenstange.

Wenn es jemandem gelingt, mit einem Messer in einer Qualle rumzurühren, dann stirbt die Qualle mit ziemlicher Sicherheit daran, während ein Delfin, wenn ihm das Gleiche widerfährt, seinen Angreifer vermutlich in der Luft zerreißt. Eröffnet man auf ihn allerdings das Feuer mit mehreren Sturmgewehren, ist auch für den Delfin das Ende erreicht ... während ein Godzilla davon vermutlich gar nicht erst Notiz nimmt ... da müsste man schon mit einer Bataillon V2-Raketen kommen, damit er wohl auch langsam ins Schwitzen kommt.

Stirbt eine Kreatur bei einem Angriff nicht, gibt es zwei Möglichkeiten. Zum einen kann der Angriff kaum Schaden verursacht haben: die klassische Fleischwunde aus dem Actionkino. Dann kann die Kreatur ohne irgendwelche negativen Auswirkungen in ihrem Tun fortfahren. Der Einfachheit halber summieren sich leichte Verletzungen auch nicht zu schweren Verletzungen, Arnold Schwarzenegger ist mit 20 Fleischwunden auch noch genauso wehrhaft wie mit nur einer.

Zum anderen kann der Schaden jedoch auch so groß sein, dass es zwar zum Sterben zu wenig, zum unbehelligt Weitermachen jedoch zu viel ist: Denkbar wäre hier der Verlust einer Gliedmaße. Solche Verletzungen haben durchaus Auswirkungen auf das Spiel und müssen bei künftigen Spielentscheidungen berücksichtigt werden. So fällt es einem Delfin mit nur einem Arm wesentlich schwieriger, an der Decke entlang zu laufen, statt automatischem Erfolg ist nun Würfeln angesagt.

IN DUBIO PRO

Wie unschwer zu erkennen ist, hat der Spielleiter in diesem Spiel ziemlich viel Macht: Er stellt den Spielern die Probleme in den Weg, er entscheidet über Erfolg, würfeln oder Misserfolg genauso wie über Leben, Verletzung oder Tod.

Damit er diese Macht nicht hemmungslos ausnutzt, sei er dazu angehalten, sich an die „in dubio pro"-Regel zu halten, die besagt, dass er im Zweifel immer *für* die Spieler entscheiden muss.

Ist nicht auf Anhieb klar, ob der Spieler Erfolg hat oder würfeln muss, hat der Spieler Erfolg. Ist nicht auf Anhieb klar, ob der Spieler würfeln kann oder Misserfolg hat, darf der Spieler würfeln. Ist nicht auf Anhieb klar, ob die Kreatur überlebt oder stirbt, überlebt sie, ist nicht klar ob sie bleibend verletzt ist oder nicht, ist sie es nicht. Ich denke es ist klar, was gemeint ist. Um ein bisschen für die Entscheidung zu sensibilisieren, spiele ich eine Beispielsituation mit mehreren Modifikationen einmal durch.

Verschwinde-du-Scheusal läuft, zwei auf ihn feuernde namenlose Marines im Genick, einen Gang entlang, als er bemerkt, dass er in eine Sackgasse rennt. Da kommt ihm eine Idee: Er will ein Stück die Wand hochrennen, sich abstoßen und dann auf einen seiner beiden Verfolger springen, während er gleichzeitig den zweiten mit seiner Zunge entwaffnet und ihm direkt mit dem erbeuteten Gewehr eins überzieht.

So wie oben beschrieben, spricht absolut nichts dagegen, dass Verschwinde-du-Scheusal Erfolg haben sollte. Hinter ihm sind nur zwei dumme Marines her, von der Couleur hat er heute schon ein halbes Dutzend verdroschen.

Anders sähe die Sache jetzt aus, wenn er von zwei besonderen Marines verfolgt würde, die ihm namentlich bekannt sind, die vom Spielleiter vorher bereits eingeführt wurden und die keine gesichtslosen Soldaten in Uniform sind, sondern ein eigenes Aussehen und Auftreten haben und von denen der Spielleiter klargemacht hat, dass sie durchaus gefährlich sind. In diesem Fall könnte der Delfin zwar Erfolg haben, es könnte aber auch genauso gut sein, dass die beiden Vollprofis, die hinter ihm her sind, ihm ordentlich in die Suppe spucken können. In diesem Fall müsste der Spieler würfeln, ein Misserfolg würde bedeuten, dass die Sache nicht ganz so ausgeht, wie Verschwinde-du-Scheusal sich das vorgestellt hatte. Vielleicht gelingt es ihm, auf einen der beiden zu springen, aber nicht den anderen gleichzeitig zu entwaffnen.

Noch schlimmer wäre es, wenn Verschwinde-du-Scheusal den Nachteil „*Tollpatsch*" hätte, dann würde er die Sprungaktion vollkommen vermasseln und kurz vor den beiden Soldaten aufkommen, die ihn jetzt natürlich direkt im Visier hätten und das Feuer eröffnen.

Das ist aber noch kein Grund, den Armen umzubringen, er steht jetzt schließlich auch direkt vor den Beiden und kann ihnen mal ein paar saftige Watschen verpassen. Dennoch dürfte er schwere Verletzungen davontragen, an denen er ihn zukünftigen Situationen zu knabbern haben wird.

Hätte er allerdings zusätzlich noch den Nachteil „*kann nix ab*", wäre er jetzt Thunfisch ...

Ich hoffe anhand dieses Beispiels gewinnt man als Spielleiter etwas das Gefühl dafür, in welchen Situationen man wie entscheiden sollte.

Unterschiedliche Kreaturen, unterschiedliches Spiel

Wenn man sich die Kreaturen-Beschreibungen durchliest, kommt man schnell zu dem Schluss, dass man sich mit der Wahl der Kreatur für eine bestimmte Art zu spielen entscheidet. Wählt man beispielsweise die Quallen, welche zwar hochintelligent, aber einem Menschen gegenüber körperlich im Nachteil sind, entscheidet man sich dafür, dass man lieber eine taktische Variante des Spieles haben möchte, in dem man durch kluges Überlegen und gemeinsames Handeln zum Ziel kommt. Spielt man dagegen mit den Delfinen, für die quasi das genaue Gegenteil gilt, also physisch überlegen und dafür dumm wie Brot, möchte man wohl lieber ein actionbetontes Spiel mit möglichst vielen coolen Aktionen, wie die im vorherigen Abschnitt beschriebene.

Wenn man sich für Godzillas und/oder Riesenkraken entscheidet, möchte man vermutlich einfach nur zwei Stündchen Spaß mit Hochhäusern, Kampfrobotern, Atom-U-Booten und der halben *US Army* haben ... eben wie ein Kleinkind.

Der Unterschied im Spielgefühl wird vielleicht auch anhand einer Spielsituation deutlich: Man stelle sich vor, dass die Spieler an einen Zentralrechner einer Meereskontrollstation heranwollen. Die Quallen, um die Station lahmzulegen, die Delfine, weil die Quallen ihnen mitgeteilt haben, dass sie das komische, große Ding in der Mitte der Station, dass so gut bewacht ist, kaputt machen dürfen und die Godzillas/Riesenkraken, weil der Computer so lustige Lämpchen hat, die blinken.

Der Zugang zum Zentralrechner ist nun nur bestimmtem Personal gestattet, welches ein bestimmtes Codewort in ein Mikrofon sprechen muss, damit sich die Tür öffnet.

Die Quallen werden ganz richtig bemerken, dass es sich hierbei wohl um eine Stimmerkennung handelt und sich überlegen, wie sie an eine Sprachprobe eines zugangsberechtigten Menschen kommen, der auch noch das Codewort spricht. Vermutlich wäre ein Diktiergerät das Mittel der Wahl und die Quallen beginnen, in die Privatgemächer der Forscher einzudringen, einer von ihnen wird wohl so ein Gerät haben.

Hat man schließlich eines gefunden, befestigt man es gut versteckt in der Nähe der Tür und wartet, bis der nächste Mitarbeiter vorbeikommt und das Lösungswort spricht, schon hat man die gewünschte Aufnahme. Die hält man nun, wenn man sicher ist, dass der Raum hinter der Tür leer ist, vor das Mikrofon und schon ist man drin. Jetzt müssen die Quallen nur noch den Zentralrechner öffnen und sich hineinbegeben.

Die Delfine werden in derselben Situation vermutlich mehrmals wütend das Wort „Codewort" in das Mikrofon bellen, wenn sie ein besonders helles Köpfchen dabeihaben, kommen sie vielleicht noch darauf, das Wort nachzuplappern, welches dieser schwächliche Mensch, der eben hineingegangen ist, in das Mikrofon gesprochen hat, aber so etwas wie eine Spracherkennung ist weit jenseits des Horizonts der Delfine.

Macht aber nichts, denn bei Anwendung massiver Gewalt erweist sich die Tür als gar nicht mal sooo stabil. Natürlich ist der Raum dahinter keinesfalls leer, sondern es wimmelt dort nur so von Soldaten, die erst noch aus dem Weg geräumt werden wollen, bevor man die Kiste in der Mitte in 1000 Stücke hauen kann.

Ein Godzilla, respektive Riesenkraken, würde die Station dagegen vermutlich von irgendeiner Seite wie die Verpackung eines Schokoriegels aufreißen und sich den Zentralrechner einfach nehmen. Dummerweise hört der dann recht schnell auf so lustig zu blinken. Laaaangweilig!

Aber Gott sei Dank ist mittlerweile vermutlich die gesamte maritime Armee mindestens eines Landes hinter dem kleinen Racker her und beschießt ihn fleißig. Dann spielt er eben mit denen …

NACHRUF
DER FERA-FASSUNG

Es ist jetzt 7.34 Uhr in der Früh und im CD-Player läuft „Join me in Death" von HIM. Ich muss sagen, ich liege verdammt gut in der Zeit. Ich habe noch 5,5 Stunden Zeit und muss nur noch das Inhaltsverzeichnis anlegen und ein paar Formatierungen vornehmen.

Da ich nicht vernünftig layouten kann, mache ich diesbezüglich keine Experimente, ich habe nämlich keine Lust, mir den Text noch zu zerschießen oder nach stundenlanger frustrierender Arbeit doch wieder zur jetzigen Fassung zurückzukommen. Ich bin mir ziemlich sicher, dass Zweitgenanntes höchstwahrscheinlich geschehen würde.

Bliebe noch die Möglichkeit, mein Werk zu lektorieren, ich habe allerdings schon andere Texte von mir selber lektoriert und weiß, dass dies nahezu unmöglich ist. Da man weiß, was man geschrieben hat, liest man den Text einfach nicht mit der nötigen Aufmerksamkeit und übersieht scheinbar offensichtliche Fehler, wenn man so müde und hungrig ist wie ich im Moment vermutlich erst recht. Also kann ich mir die Arbeit auch sparen.

Ich werde jetzt also noch die letzten Feinarbeiten vornehmen und das Spiel dann mit meinem tollen OpenOffice nach .pdf konvertieren und lasse es dann gut sein.

Ich hoffe allen, die bis hierhin gelesen haben, hat es trotz der vermutlich zahlreichen Rechtschreibfehler und dem bemerkenswerten Mangel an Zeichnungen sowie Layout trotzdem einigermaßen Spaß gemacht.
Ich tue es nun Prof. Dr. Dr. Wolfe gleich und empfehle mich.

Man liest sich,
Marcel, im Oktober 2004

MEERES-VOLKS-ARMEE

Ein Abenteuer für Quallen oder Delfine. Für alle zum Kennenlernen des Systems mit Quallen wird es eher ein Schleichabenteuer, mit Delfinen wohl eher ein Actionfilm.

Das Hauptquartier der glorreichen Meeres-Volksarmee (im folgenden MVA) ist in Aufruhr! Lange wurde geforscht und vor einiger Zeit haben sich Jahre der Laborarbeit und des Genespleißens endlich ausgezahlt. Ein Wal wurde zu mehr, er konnte jetzt, wie in der biblischen Geschichte mit diesem Jona oder in der mit dem Holzkind mit der langen Nase, als Transportmittel zur Verfügung stehen.

SONDERSENDUNG:

„Brennpunkt Meer! HYDRA, dem Meeresbiologischen Forschungszentrum auf der Insel Elba, ist am vergangenen Freitag ein riesen Fang ins Netz gegangen, sie sehen hier und jetzt zum ersten Mal im Fernsehen einen Wal. Nein, nicht irgendeinen Wal, sondern dieses gewaltige Tier hier. Die Forscher haben ihn auf den Namen Big Willy getauft. Die zwei größten Beobachtungsbecken der Station mussten unter großem Aufwand zusammengelegt werden, um das riesige Tier zu beherbergen. Zu was es fähig ist und ob es, wäre es in Freiheit, eine Bedrohung für die zivilisierte Welt sein könnte, wird sich in den nächsten Tagen und Wochen der Forschung zeigen."

ANSPRACHE:

„Die MVA ist entsetzt! Auf ihrer Jungfernfahrt wurde AHAB1 von Menschen entdeckt und gefangengenommen! Wie konnte diese Panne passieren?! Große Hoffnungen und Mittel wurden in das Projekt AHAB gesteckt. Es ist kriegsentscheiden, dass AHAB1 wiederbeschafft wird, bevor die armseligen Menschen realisieren, was sie da erbeutet haben. Ihr seid aus den Besten der Besten ausgesucht worden. Eure Aufgabe ist es, das WSL (Wertvolles Strategisches Lebewesen) AHAB1 wiederzubeschaffen. Die Aufklärungslage ist gut! Das WSL befindet sich auf der Insel, die von den Menschen Elba genannt wird. In diesem unsäglichen Gefangenenlager HYDRA, in dem schon so viele tapfere Kameraden gefangengehalten und zu Tode gefoltert wurden. Die Zukunft der Vereinigten Ozeane liegt bei euch! Ihr habt 120 Minuten Zeit, AHAB1 ausfindig zu machen und zu befreien."

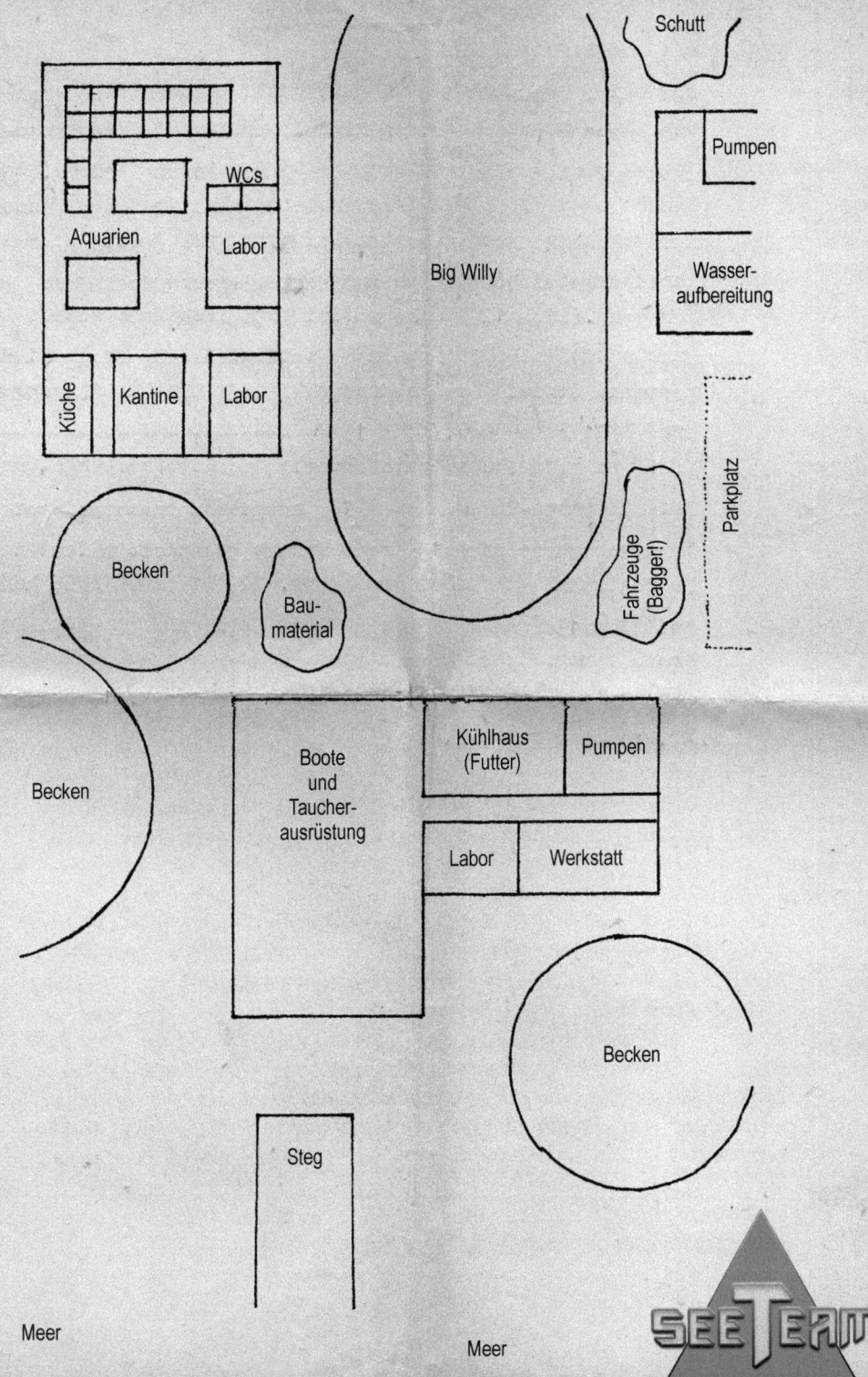

2. Wir machen den Weg frei!

Ein Abenteuer für Delfine. Wirf ihnen, wenn sie entdeckt wurden entgegen was du kannst, so dass möglichst viel Chaos entsteht und merke dir, was passiert ist.

Der Generalstab der glorreichen MVA jubelt! Die AHAB1 konnte befreit werden! Jetzt kann sie ihrem Zweck dienen und dazu genutzt werden, diesen Menschen einen herben Schlag zu versetzen. Man könnte meinen, die Menschen hätten ihre Lage noch nicht verstanden. Einen strategisch so wichtigen Punkt derart nah am Meer zu bauen, es wird ein gewaltiger Sieg für die MVA!

SONDERSENDUNG:

„Washington: In dem gut gesicherten Marinestützpunkt Tamge an der Küste des Bundesstaates Maine ist eine Datenbank eingerichtet worden, in welcher ab jetzt zentral alle Informationen gesammelt werden, die die Ozeane und deren Lebewesen betreffen. Man hofft dadurch endlich schlagkräftiger gegen die Bedrohung aus dem Meer vorgehen zu können. Die Leitung dieses Zentrums obliegt dem hochdekorierten General Joseph F. Dunford, der sich beim Aruba-Zwischenfall seine Sporen verdiente und dessen unkonventionelles Eingreifen diesen Sommer erst Fukuoka vor der sicheren Verwüstung rettete. Am Tor des Marinestützpunktes protestierten einige ProOz-Aktivisten und ketteten sich an den Zaun. Sie konnten aber ohne größere Umstände entfernt werden."

ANSPRACHE:

„Delfine! Ihr seid die Besten der Besten und darum gemeinsam mit einem Team Quallen auserkoren, die erste Mission mit der AHAB1 zu bestreiten. Das WSL AHAB1 wird euch in der Nähe der Küste aussetzen und dort 120 Minuten kreisen. Danach folgt euch ein Team Quallen. Eure Aufgabe ist es, in der Zwischenzeit den Stützpunkt Tamge zu stürmen und den Weg ins Herz des Komplexes für Team zwei freizumachen. Nachdem die AHAB1 euch ausgesetzt hat, seid ihr ganz auf euch alleine gestellt. Die Menschen werden überrascht sein und euch vermutlich nichts Nennenswertes entgegenzusetzen haben. Aber seid vorsichtig, vom Gelingen eurer Mission hängt der Erfolg der gesamten Operation ab. Ob ihr zu AHAB zurückkehrt ist zweitrangig! Habt ihr das verstanden? Soll ich es nochmal erklären? Sollen wir es euch lieber aufmalen, würde das helfen?"

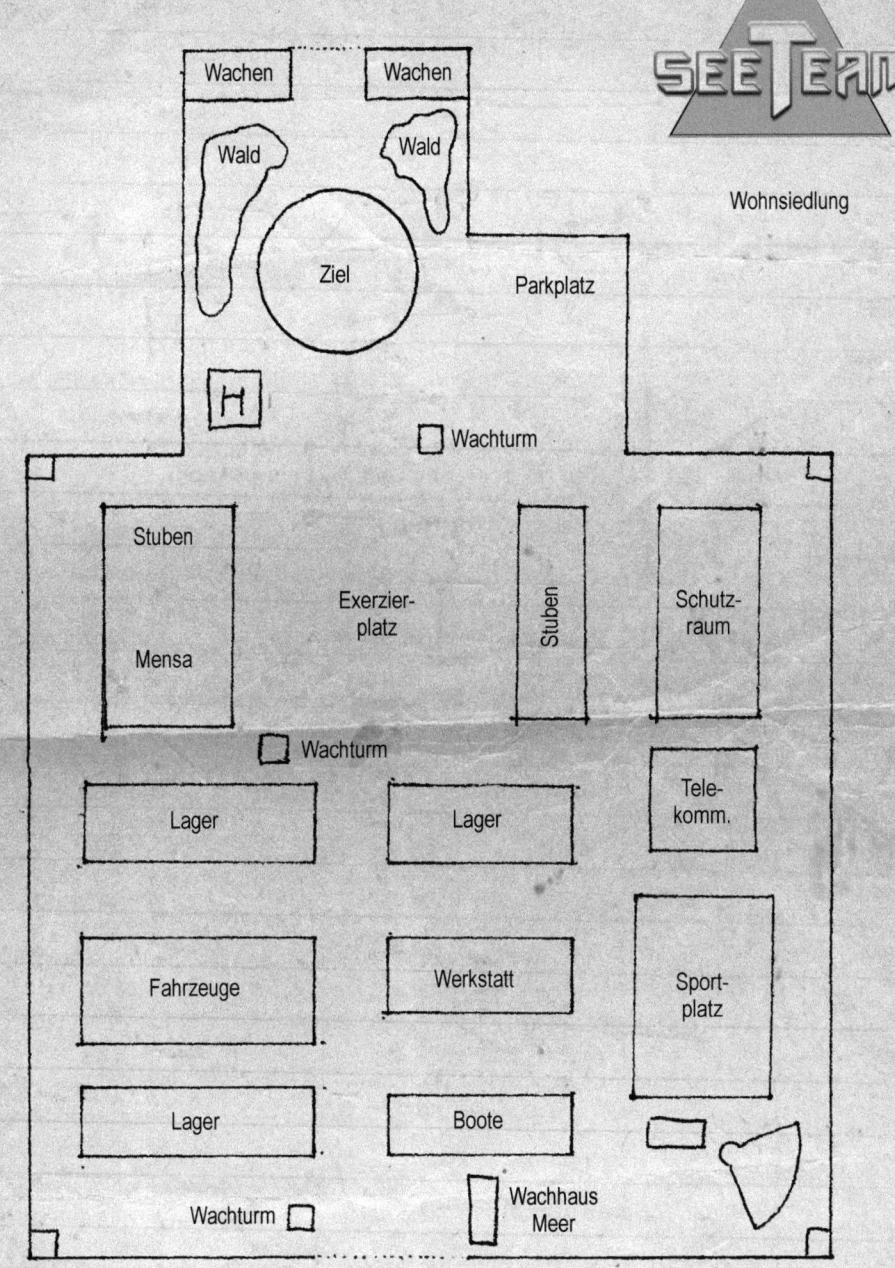

seeTeam

Wohnsiedlung

Wachen   Wachen

Wald   Wald

Ziel

Parkplatz

H

Wachturm

Stuben

Mensa

Exerzier-
platz

Stuben

Schutz-
raum

Wachturm

Lager   Lager

Tele-
komm.

Fahrzeuge   Werkstatt

Sport-
platz

Lager   Boote

Wachturm   Wachhaus
Meer

Meer

9. BEI UNS SIND IHRE DATEN SICHER!

Ein direktes Folgeabenteuer für Quallen. Hoffentlich hast du dir gemerkt, was die Delfine auf dem Stützpunkt angerichtet haben. Konfrontiere jetzt die Quallen mit den Folgen.

Der Generalstab der glorreichen MVA zittert! Die Aufklärungslage ist schlecht aber die 120 Minuten für die Delfine sind um. Jetzt liegt es an den Quallen, die Mission zu Ende zu führen und den Tag zu einem siegreichen Tag für die Vereinigten Ozeane zu machen. Die AHAB1 bringt das Team Quallen an den Strand. Mühsam richtet sich der Taucheranzug auf. Die Zeit läuft.

SONDERSENDUNG:

„Washington: Der gut gesicherte Marinestützpunkt Tamge in Maine, in dem kürzlich unter der Leitung von General Joseph F. Dunford das Datenzentrum zur Abwehr gegen das Meer eingerichtet wurde, wird angegriffen. Die schrecklichen Bilder, die sie jetzt sehen, zeigen die Zerstörung, die mutmaßlich von einer Gruppe mutierter Delfine angerichtet wurde, die den Komplex gestürmt haben. Entsetzlich! Luftbilder vom Ort des Geschehens scheinen neben der grauenvollen Zerstörung im Meer einen verschwommen Schemen erahnen zu lassen. Das sieht aus wie Big Willy, dem bei den Ereignissen auf Elba entkommenen Wal. Was mag da noch auf uns zu kommen? Wir bleiben dran!"

ANSPRACHE:

„Quallen! Ihr seid die Besten der Besten und darum gemeinsam mit einem Team taktischer Delfine ausgewählt, die erste Mission mit der AHAB1 zu bestreiten. Vor der Küste wird Team Delta euch verlassen. Dann, zu gegebener Zeit, wird das WSL AHAB1 euch am Strand aussetzten. Von dort müsst ihr euch auf den Weg ins Zentrum des Komplexes begeben. Durch die heldenhafte Vorbereitung der Delfine sollte dieser Teil kein Hindernis sein. Euer Ziel ist das Computerterminal in der Mitte des Gebäudes. Euer Anzug wurde für diese Mission mit hochmoderner, empfindlicher Satellitentechnik ausgestattet. Während ihr die Daten des Feindes in unser Kriegsministerium hochladet, wird ein Virus die Technik der Menschen unwiederbringlich zerstören. Wenn wir die ersten Daten empfangen haben, schicken wir Verstärkung, die euch dann alle da raus holt."

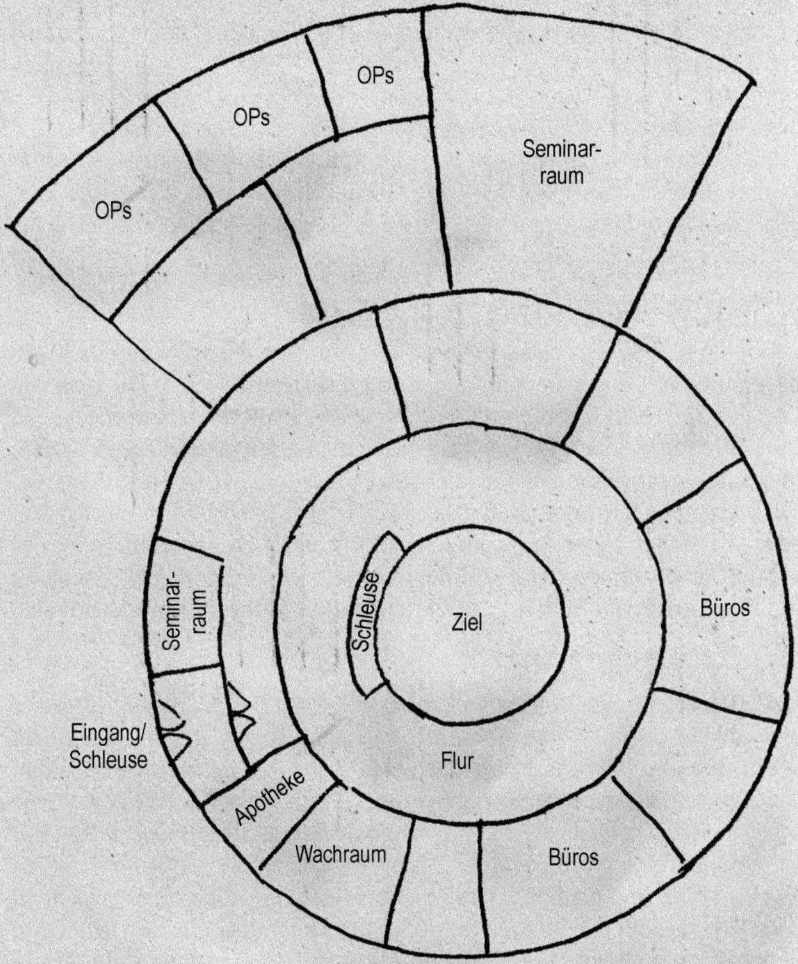

OPs

OPs

OPs

Seminar-
raum

Seminar-
raum

Schleuse

Ziel

Büros

Eingang/
Schleuse

Flur

Apotheke

Wachraum

Büros

4. Die ganze Kraft einer Kultur

Folgeabenteuer zu den Szenarien 2 und 3 für Godzillas. Sollte die Gruppe keinen Spaß daran haben, können die Ereignisse auch knapp als Abschluss zu dieser Reihe erzählt werden. Sollte die Gruppe aber Lust drauf haben, go crazy!

Der Generalstab der glorreichen MVA ist verzückt! Die ersten Daten haben den Satelliten erreicht und werden von dort ins Kriegsministerium heruntergeladen. Das Virus nagt am Netzwerk des Pentagon. Es ist Zeit, die Mission mit einem Knall zu Ende zu bringen. Meeresungeheuer erheben sich, Chaos bricht aus.

SONDERSENDUNG:

„Washington: Wie uns General Joseph F. Dunford, der Leiter des Marinestützpunktes Tamge soeben meldete, ist das Datenzentrum zur Überwachung der Meere verloren. Dem General werden rund 60 Minuten gegeben die Situation doch noch für uns zu entscheiden. „Wir werden diese 60 Minuten nutzen, so weit möglich alle Zivilisten aus dem Gebiet zu evakuieren. Da sich aus dem Zentralcomputer der Militärbasis langsam ein Virus in unsere militärischen Netze ausbreitet, bleibt uns nichts anderes übrig, als das gesamte Gebiet binnen zwei Stunden weiträumig in Schutt und Asche zu legen. Die Streitkräfte sind alarmiert. Ich danke für Ihre Aufmerksamkeit."

ANSPRACHE:

„Gozillas! Bereitet den miesen Menschen ein elendes Ende und holt unsere Jungs jubelnd da raus. Macht kaputt, was euch kaputt macht. Nach dem ersten Ton eures Gebrülls sollen nur noch Steine und Scherben übrig sein! Flugzeuge sollen Abstürzen wie Brieftauben! Angst und Paranoia sollen die Menschen erfüllen, wenn sie die Alarmsignale hören! Sie werden rennen wie Bärchen und Milchbubis, wenn die bösen Onkels kommen. Wer sind die Bösen Onkels? Ihr seid die bösen Onkels! Sie werden alle ihre Ärzte brauchen! Tot werden sie sein wie ihre Hosen, wenn die Neubauten einstürzen! Brutal sollen sie verschimmeln! Wizo fragt ihr? Wegen 200 Jahre feine Sahne Fischfilet und dem toten Hammerhai, der da vorne vorbei schwimmt! Los geht's! In diese Richtung! Nein nicht da! Da, wo das helle Licht ist! Ja genau! Ja fein macht ihr das! Ja fein!"

WIR SIND DIE

DORP

www.die-dorp.de

Wir sind kein Verlag – wir sind eine Webseite.

Wir sind aber ebenso ein Podcast (DORPCast),
ein YouTube-Kanal (DORP-TV) und
eine Quelle für hausgemachtes Fanwerk zu vielen Systemen.

Und manchmal machen wir auch eigene Spiele.
So wie das hier.

Alles was wir tun, tun wir ehrenamtlich. Wir freuen uns, wenn
man uns auf Patreon unterstützt, aber auch das Geld stecken
wir dann nicht in unsere Taschen, sondern ebenso wieder in
neue Projekte. Wir sind Täter aus Leidenschaft.

Wir sind außerdem ziemliche Nerds. Und stolz drauf.
Und wir wollen, dass ihr eine gute Zeit habt.
Schaut doch mal vorbei, vielleicht haben wir ja noch etwas im
Petto, was euch begeistern kann.

Wir haben Accounts bei YouTube, bei Facebook, bei Google+
und bei Twitter. Aber zuhause sind wir unter:

www.die-dorp.de

1W6 Freunde

Das Jugenddetektive-Rollenspiel

Eine Millionenstadt in den 80er Jahren. Menschen gehen zwischen den Hochhäusern des Zentrums ihrem Tagewerk nach oder verbringen die sonnigen Tage in den grünen Außenbezirken der Stadt. Doch egal, wo sie sich aufhalten: Das Verbrechen lauert überall.

Werdet ihr den Fall lösen?

Die 1W6 Freunde – Das Jugenddetektive-Rollenspiel ermöglicht es den Spielern, in die Haut der Helden ihrer Jugend zu schlüpfen. In der Rolle junger Detektive tauchen sie in den 80er Jahren unter das Radar ihrer Eltern und Lehrer, um den Gaunern der Stadt den Kampf anzusagen. Dieses Buch bietet ein einfaches und leicht zugängliches Regelwerk für das nur handelsübliche, sechsseitige Würfel benötigt werden und das auch für junge Spieler leicht zu verstehen ist.

Die 1W6 Freunde kann in jedem Buchgeschäft bestellt werden!